Diogenes Taschenbuch 21585

Federico Fellini
Intervista

*Idee und Drehbuch von
Federico Fellini*

*Aus dem Italienischen von
Renate Heimbucher-Bengs
Mit 50 Fotos*

Diogenes

Herausgegeben von Christian Strich

Das Drehbuch wurde
für die vorliegende Buchfassung
nach dem Film eingerichtet
von Gianfranco Angelucci und
von Federico Fellini
bearbeitet
Fotonachweis am Schluß
des Bandes

Inhalt

Vorwort   9

Drehbuch   13

Der Film in 48 Bildern   115

Fellini über ›Intervista‹   157

Vorwort

Letzter Drehtag von *Intervista*. Da ich es nicht fertiggebracht hatte, zu diesem Filmchen irgendeine jener Erklärungen abzugeben, mit denen wir Regisseure – aufgefordert oder unaufgefordert – den Film, den wir gerade drehen, gerne erläutern, klären, erhellen und ausschmücken (Erklärungen, zu denen wir uns eigentlich um nichts in der Welt hinreißen lassen sollten, weil sie unweigerlich oberflächlich, selbst-beweihräuchernd, rechtfertigend und mithin völlig unglaubwürdig sind), habe ich versucht, auf einem Blatt Papier Sinn und Motivation dessen zusammenzufassen, was ich gemacht habe. Die Seite, die ich damals schrieb, ist auch heute, da ich sie anläßlich der Veröffentlichung des nach dem fertigen Film eingerichteten Drehbuchs erneut durchlese, noch aktuell und scheint mir das, was ich zu diesem Film sagen könnte, relativ getreulich widerzuspiegeln. Hier ist sie:

»Ja, nun ist auch dieser Film fertig, der zwanzigste oder einundzwanzigste oder zweiundzwanzigste, ich weiß es wirklich nicht genau, ich fange immer bei 8½ an, und dieses ›½‹ bringt mich beim Zählen durcheinander.

Was ist dieser Film? Vielleicht ist es ein Film, der keinen Titel braucht, so wie er keine Geschichte, keine Erzählung, keine Personen gebraucht hat, und manchmal kommt es mir so vor, als ob er nicht einmal mich brauchte. Er wollte in Ruhe gelassen werden, alles alleine machen, selbst mit sich fertig werden, ohne das einengende Korsett eines Sujets, eines Drehbuchs, eines Castings, eines Regisseurs. Ein Film, der mir sofort klipp und klar seine Unabhängigkeit bekundet hat, seine absolute Unduldsamkeit, die vitale Notwendigkeit, nicht die üblichen Betreuer, Assistenten, Spezialisten und Fachleute um sich zu haben. ›Ich brauche niemanden, denn ihr könnt mir ohnehin nicht helfen; was ich vorhabe, hat nichts mit dem zu tun, was man normalerweise tun muß, wenn man einen Film macht. Verschwindet hier! Und vor allem soll dieser Herr Fellini verschwinden. Ich mache mich selbst. Wir sehen uns dann bei der Vorführung, wenn ihr Lust habt zu kommen. Ich wünsche euch alles Gute und mir viel Glück zu meinem Leichtsinn!‹ Genau so schien der Film oft, jeden Tag fast, zu mir zu sprechen. Mir blieb nichts anderes übrig, als ihm auf seinem unberechenbaren Weg zu folgen, mit der großzügigen, vertrauensvollen und begeisterten Hilfe einer Crew, um die mich die größten Zirkusse der Welt beneiden könnten, die es fertigbringen, ihre Vorstellungen zu geben, obwohl sie ständig ihre Zelte auf- und wieder abbauen müssen. Vielleicht hat der Film auch etwas davon: von der Geschicklichkeit und Leichtigkeit, mit der ein Jongleur seine Arbeit tut.

Begnügen wir uns für den Augenblick mit einigen technischen Angaben, denn auch wenn er, der Film, sich absonderlich, abnorm, als einer, der sich auf nichts festnageln läßt, als heimatloser Aristokrat gebärdet, so ist er nun wohl oder übel da, und zumindest die Daten seiner Entstehungsgeschichte lassen sich festhalten. Also: die Dreharbeiten, mit denen im September 1986 begonnen wurde, haben – ohne die fatalen Unterbrechungen, die, wer weiß warum, bei allen meinen Filmen vorkommen, und natürlich ohne die Weihnachtspause und die anderen Feiertage, verlängerten Wochenenden, diversen Geburtstage und jahreszeitlich bedingten Krankheiten etc. etc. – genau siebzig Tage gedauert. Der ganze Film wurde in Cinecittà gedreht, bis auf die häufigen »Außenaufnahmen«, bei denen die Crew fröhlich in den besten Wirtshäusern von Albano, Grottaferrata, Latina und Terni kampierte.«

Drehbuch

Cinecittà. Außen. Nacht.

Im Gegenlicht der Scheinwerfer eines Autos öffnen zwei uniformierte Torwächter ein in den Angeln kreischendes Eisentor.

Ein anderer Wachmann in einer hell erleuchteten Glaskabine drückt auf den Knopf, mit dem das Gitter am Eingang geöffnet wird. Mehrere Autos fahren, eins hinter dem anderen, mit eingeschalteten Scheinwerfern rasch die Wege unter den Pinien entlang, gefolgt von einem großen Lastwagen. Eine Meute Hunde springt kläffend vor dem Autokonvoi her.

Die Autos halten nebeneinander vor einem flachen, langgestreckten, barackenartigen Gebäude an, das orangerosa gestrichen ist. Nun herrscht ringsum vollkommene Stille. Nur das Zirpen der Grillen ist zu hören. Ein sanfter Windhauch bläst leichte Nebelschwaden in den dunklen Himmel hinauf.

Aus den Autos steigen verschiedene Leute aus. Ein großer und kräftiger älterer Herr, der aus einer großen weißen Limousine ausgestiegen ist, wird von den anderen, jüngeren mit freundschaftlichem Respekt begrüßt.

    Menicuccio (scherzhaft): Was willst du denn hier, geh wieder ins Bett!

Dabei tut er, als versetze er dem jungen Aufnahmeleiter einen Knuff. Gemeinsam gehen sie auf das gegenüberliegende, von einer Neonröhre spärlich beleuchtete Gebäude zu. Im Widerschein der Lampe folgen ihnen die anderen Gestalten, die mittlerweile ebenfalls ausgestiegen sind. Menicuccio begrüßt eine davon mit dröhnender Stimme...

    Menicuccio: Es lebe der Commendatore!

...und fährt singend fort...

    Menicuccio: Salute di Braganza il cavalier...

Aus dem Dunkel eines Seitenwegs taucht ein gewaltiges Gerüst auf: ein auf Räder montierter Scheinwerferturm, der von drei Arbeitern geschoben wird. Die Hunde springen mit freudigem Gebell um die Männer herum. Menicuccio stößt einen Pfiff aus und winkt die Arbeiter näher.

Währenddessen wird im gespenstisch anmutenden Lichtschein eines anderen Wegs ein katafalkähnliches Gefährt herbeigezogen, das mit einer Plane zugedeckt ist.

Auf einem Turm in der Höhe der großen Pinien bläst jemand mit der Nebelmaschine Rauchschwaden in den Himmel.

Menicuccio streckt den Arm aus und deutet in die Dunkelheit.

    Menicuccio (gewichtig): Da kommt sie!

Im dunstigen Licht kommt das rätselhafte, verhüllte Gefährt vom Ende des Wegs her langsam näher. Eine kleine Gruppe von Männern beugt sich erwartungsvoll vor; andere werden plötzlich vom gleißenden Licht eines Scheinwerfers angestrahlt. Ein kleingewachsener Mann in Jeans und Windjacke, der auf einer Treppenstufe sitzt, springt auf und beginnt mit energischer Stimme Befehle zu rufen...

    Delli Colli: Romano, weiter vor mit dem Scheinwerfer da! Noch ein Stück! Gut so!

Das Lichtbündel des Scheinwerfers hat weitere Personen erfaßt, die in erwartungsvollem, gespanntem Schweigen zuschauen.

Das verhüllte Gefährt bleibt stehen, und jemand nimmt mit einer raschen Handbewegung die schwarze Plane ab, unter der eine große Filmkamera zum Vorschein kommt. Auf der anderen Straßenseite ist inzwischen ein riesiger Kran eingetroffen, der von den Mitgliedern der Crew sofort umringt und interessiert und staunend betrachtet wird.

Plötzlich tritt hinter der Ecke des Gebäudes eine junge Japanerin hervor, die sich graziös, mit sanftem Lächeln verbeugt. Eine rothaarige junge Frau (Fiammetta) dreht sich zu Fellini um, der – wie wir nun entdecken – zusammen mit den anderen wartend unter dem Vordach des Gebäudes sitzt.

    Fiammetta: Federico! Sie sind da!

Hinter der Japanerin sind zwei Japaner erschienen. Einer von ihnen hat einen schwarzen Schlapphut auf dem Kopf, der andere hat eine Fernsehkamera geschultert. Die kleine Gruppe geht auf den Regisseur zu.

    Japanerin: Guten Abend!

Der Japaner lüftet den Hut und grüßt in seiner Sprache.

    Japanerin: Signor Fellini, entschuldigen Sie vielmals, wir sind für morgen früh zum Interview verabredet, aber... eine kleine Vögelchen hat uns gesagt, daß Sie heute abend hier sind, und...

Fellini, der mit seinem Filzhut auf dem Kopf auf den Stufen sitzt, wendet sich halb resigniert, halb belustigt zu seiner Sekretärin...

Fellini: Das Vögelchen warst du? Stimmt's?

Fiammetta: Nein, Federico, wie kommst du darauf! (zu sich) Ich hab's ja gewußt...

Während vom Ende des Wegs her ein weiteres, mysteriöses Gefährt näherkommt, machen sich die Bühnenarbeiter daran, unter der Aufsicht des Bühnenmeisters Menicuccio die Filmkamera auf die Plattform des Krans zu montieren.

Menicuccio: Na los, vorwärts, mach schon, Kleiner, auf geht's!

Der Kameramann Tonino delli Colli steht, seine Brille putzend, auf der kleinen, mit einem Geländer versehenen Plattform des Krans und meint skeptisch...

Delli Colli: Er kommt ja doch nicht herauf...

...während Menicuccio zu Fellini hinüberruft...

Menicuccio: Wir sind so weit, Dottore! Kommen Sie nicht herauf?

Fellini sitzt, umringt von den Japanern und einigen Mitgliedern des Teams, noch immer unter dem neonbeleuchteten Vordach und rührt sich nicht vom Fleck.

Fellini: Ach nein, ich verlaß mich auf euch, ich kann mir schon vorstellen, was man von dort oben sieht. Wenn ihr die Studiodächer sehen könnt, dann haltet ihr an und sagt es mir.

Menicuccio ruft mit seiner Stentorstimme...

Menicuccio: Ja, ja!

...und grinst zu Delli Colli hinüber, der ihm seinerseits belustigt zuruft...

Delli Colli: Hab ich's nicht gesagt?

Maurizio, der Regieassistent, ist ebenfalls auf die Plattform hinaufgeklettert.

Delli Colli (zu Maurizio): Ach, das Megaphon... wer hört uns denn sonst da unten?

Maurizio (zu Menicuccio): Gib mir doch mal das Megaphon!

Menicuccio reicht es ihm.

Delli Colli: Gottseidank hat jemand daran gedacht...Romano, fahr ein Stück vor und mach die kleinen Lampen an!

Auf dem Lastwagen, vor dem die Hunde herlaufen, führt Romano, der Chefbeleuchter, den Befehl aus: in der Dunkelheit strahlen helle Lichtflecken auf.

Delli Colli (ins Megaphon): Und jetzt hoch damit, genau vor mich!

Die Kranplattform steigt langsam nach oben.

Delli Colli: Nach oben, Romano! Strahlt die Pinien an!

Stimme von Fellini: Fiammetta, Daniela, weg mit euch beiden, da unten! Roberto, geh in die Kabine!

Tonino ruft weitere Befehle ins Megaphon, während Fellini den Japanern erläutert...

Stimme von Fellini: Seht ihr, der Kran muß bis über die Wipfel der Pinien hinauffahren...

Tatsächlich hat die kleine Plattform jetzt diese Höhe erreicht und schwebt am stählernen Arm des Krans als heller Lichtpunkt im nächtlichen Himmel.

Stimme von Fellini (aus dem Megaphon): Könnt ihr das Studio 5 sehen? (ungeduldig) Sieht man von dort oben das Dach vom Studio 5? Gib doch Antwort, Maurizio!!!

Fellini wendet sich wieder den Japanern zu und deutet auf einen zweiten Kran, an dessen Plattform verschiedene Scheinwerfer befestigt sind.

Fellini: Und auf den Kran dort drüben haben wir die Lampen montiert, seht ihr? Damit bekommt das Ganze einen Mondscheineffekt...

Vom Kran herab tönt die Stimme Maurizios, der ins Megaphon brüllt...

Stimme von Maurizio: Wir sind noch zu tief! Wir müssen höher hinauf, um die Studios sehen zu können!

Japanerin (zu Fellini): Darf man fragen, was ihr hier gerade dreht?

Fellini: Den Anfang dieses Filmchens, das ich mit einem Traum beginnen wollte, mit dem klassischen Traum, in dem man zu fliegen meint... Solche Träume habt ihr in Japan doch auch, oder?

Japanerin (belustigt): Aber ja, natürlich...

Fellini (ins Megaphon): Tonino! Geh mit dem Zoom ganz langsam nach vorn, so als ob die Kamera über den Studios schweben würde... he, Tonino!

Der Kranausleger streckt sich nun in seiner ganzen Länge nach oben. Aus dem Megaphon ist Maurizios aufgeregte Stimme zu hören...

Maurizio: Da, das Studio 5! Von hier oben sieht es wunderschön aus! Den Aquädukt sieht man auch und die Via Tuscolana! Aber alles wackelt!

Auch der andere Kran mit seiner Fracht von Scheinwerfern ist so weit es nur geht hinaufgefahren und steht nun, die schirmförmigen grünen Kronen der Pinien anstrahlend, dem ersten Kran gegenüber. Ein Beleuchter eilt auf eins der turmhohen Gerüste zu und klettert im milchigen Licht der Scheinwerfer mit akrobatischer Geschicklichkeit hinauf.

Fellini gibt weitere Anweisungen...

Fellini: Und jetzt die Nebelmaschinen... (in normaler Lautstärke) Das Megaphon tut's nicht mehr, die Batterie ist leer... Mencuccio!

Der Beleuchter ist oben auf dem Turm angelangt, den eine Schar Bühnenarbeiter wegschiebt, um den beiden großen, am Nachthimmel schwankenden und von Rauchschwaden eingehüllten Kränen Platz zu machen.

In der vollkommenen Stille dieser schwindelnden Höhe sind nun wieder die Grillen zu hören. Wie in weiter Ferne sieht man unten die Japaner und Bühnenarbeiter, die im Lichtkegel unter dem Vordach des Gebäudes den Regisseur umringen, der weitererzählt...

Fellini: In diesem Traum nun befand ich mich in einem dunklen, beunruhigenden und doch auch vertrauten Raum...

Dunkler Raum. Innen. Nacht.

Wir sehen zwei Hände, die sich eine schwarze Wand entlangtasten.

Fellini: Langsam bewegte ich mich vorwärts... Es herrschte tiefe Finsternis... und meine Hände berührten eine Wand, die kein Ende nahm. In anderen Filmen befreite ich mich aus solchen Träumen, indem ich einfach davonflog, aber jetzt, wer weiß, ein wenig älter, ein wenig schwerer geworden, machte es mir große Mühe, mich vom Boden zu erheben...

Cinecittà von oben. Außen. Nacht.

Im undurchdringlichen, von immer dichteren Nebelschwaden durchzogenen Dunkel setzt Fellini seine Erzählung fort...

Stimme von Fellini: Am Ende schaffte ich es doch und schwebte in großer Höhe durch die Luft. Was war das nur für eine Landschaft, die ich dort unten zwischen den Wolkenfetzen sah? Das Universitätsgelände? Die Poliklinik? Wie ein Gefängnis sah es aus, wie ein Atomschutzbunker... Schließlich erkannte ich es, es war Cinecittà.

In milchigem Licht, das nach und nach den Nebel vertreibt, sieht man nun aus der Vogelperspektive ein Gelände mit regelmäßig angelegten Gebäuden, Plätzen und baumgesäumten Wegen. Es ist Cinecittà, das aus dieser Höhe einer Spielzeugstadt gleicht.

Stimme von Fellini: Vielleicht, so dachte ich mir, hatte ich diesen Traum, weil ich wußte, daß ich für morgen früh mit euch verabredet war. Ach, da fällt mir ein, falls ich im Verkehr steckenbleiben und zu spät kommen sollte, fangt ohne mich an, interviewt Maurizio Mein, meinen Assistenten, er weiß viel mehr als ich...

Cinecittà. Platz vor der Pförtnerloge. Außen. Tag.

Maurizio Mein steht vor der Fernsehkamera des japanischen Kameramanns. Sichtlich geschmeichelt spricht er von seiner Arbeit.

Maurizio: Hier die Insignien, das Handwerkszeug des Regieassistenten... Trillerpfeife...

Dabei hebt er ein Schiedsrichterpfeifchen in die Höhe, das er um den Hals hängen hat, und pfeift damit.

(Pfiff)

Maurizio: ...und Megaphon...

Er hebt das elektrische Megaphon an den Mund und spricht weiter.

Maurizio (ins Megaphon): Diesen Beruf macht so gut wie niemand mehr...

Er läßt das Megaphon sinken und erklärt...

Maurizio: ...denn der Regieassistent soll ja Regisseur werden. Wer aber Regieassistent bleiben will, für den hat dieser Beruf etwas Heroisches, beinahe Widernatürliches... wie ein Jugendlicher, der den Wunsch hat, sein Leben lang ein solcher zu bleiben, und sich weigert, zu wachsen und erwachsen zu werden...

Hinter Maurizio gehen ein paar Techniker in weißen Kitteln vorbei. Das japanische Team und einige von Fellinis Mitarbeitern stehen bei Maurizio und hören ihm zu.

Maurizio: Es kommt also zu bedrohlichen psychischen Störungen; der Beruf wird zu einem Wagnis. Assistent bei Fellini zu sein, bedeutet...

Fiammetta, die ebenfalls unter den Zuhörern ist, fällt ihm ins Wort.

Fiammetta (aus dem Off ins On): Maurizio! Maurizio, Fellini kommt!

Maurizio dreht sich um und erblickt Fellinis schwarzen Mercedes.

Maurizio (zu den Japanern): Entschuldigt einen Augenblick...

Er geht auf den Wagen des Regisseurs zu, der auf dem Platz angehalten hat. Die Japaner folgen ihm.

Maurizio begrüßt den Fahrer...

Maurizio: Ciao Piero!

...und sagt beruhigend zu seinem »Chef«...

Maurizio: Alles in Ordnung, Fellini! Die Japaner sind da und möchten Ihnen ein paar Fragen stellen.

Plötzlich stürzt er sich auf einen Komparsen (Chiodo), der sich mit theatralischer Untertänigkeit über die Motorhaube des Mercedes beugt und Fellinis Aufmerksamkeit auf sich zu ziehen sucht.

Chiodo: Schönen guten Tag, Dottore...

Maurizio packt ihn von hinten und will ihn wegziehen.

Maurizio: Chiodo! Chiodo!

Chiodo: Er hat mich herbestellt! Er hat mich selbst herbestellt!

Maurizio: Hör doch auf damit, laß das! Verschwinde!

Chiodo: Ich bin bestellt!

Maurizio: Komm her, geh weg vom Auto!

Mit Mühe schafft er es schließlich, Chiodo von der Motorhaube des Autos wegzuzerren. Die Japaner laufen von der anderen Seite auf Fellini zu, der gerade aussteigt. Die Japanerin begrüßt ihn lächelnd.

Japanerin: Sie wieder Träume gehabt?

Fellini: Wann denn... Wie geht's, alles in Ordnung?

Ein wenig unbehaglich blickt er in die Runde.

Fellini: Wo ist sie denn auf einmal?

...fragt er, da er die Japanerin nicht mehr sieht, die inzwischen hinter ihm steht. Dann macht er sich, dem japanischen Kameramann folgend, auf den Weg, während die Japanerin mit ihrem Interview beginnt.

Japanerin: Entschuldigen Sie... Also, meine erste Frage ist: Was bedeutet Cinecittà für Sie? Ist es für Sie lediglich eine Filmfabrik oder ist es mehr, und wenn, in welchem Sinn?

Fellini: Mehr? Nicht schlecht für den Anfang, nur habe ich...

Chiodo läßt nicht locker.

Chiodo: Dottore, ich bin hier!

Fellini (ungehalten): Und da bleibst du auch!

Chiodo (zu Maurizio): Siehst du, wie er mich behandelt? Mich!
Maurizio deutet auf eine Gruppe von Knaben, die wartend herumstehen, und sagt in professionellem, respektvollem Ton zu Fellini...

> *Maurizio:* Ah ja, Fellini, möchten Sie, daß ich ein paar von diesen Jungen für die Probeaufnahmen aussuche?
> *Fellini:* Moment mal...

Die Agentin der jungen Kandidaten für die Probeaufnahmen wendet sich aufgeregt lächelnd an Fellini.

> *Agentin:* Diesmal habe ich es getroffen, nicht wahr?

Sie deutet wohlgefällig auf die jungen Schauspieler.

> *Agentin:* Schau sie dir an: Giancorso, Alfredo, Antoine, und hier eine besondere Überraschung...

Sie verweilt bei einem bleichen, zierlichen blonden Knaben im schwarzen Anzug.

> *Agentin:* Mal sehen, ob du draufkommst...
> *Fellini:* Das ist ein Mädchen.
> *Agentin* (lachend): Wie hast du das nur erraten?

Auch das jungenhafte Mädchen lächelt. Fellini fragt freundlich...

> *Fellini:* Wie heißt du?
> *Mädchen:* Sophie.
> *Fellini:* Bist du Französin?
> *Mädchen:* No, I'm English...

In der klaren Morgenluft erklingen die heiteren Töne der berühmten Melodie »Tea For Two«. Tänzer in glänzenden Fracks und ein untersetzter Assistent, der mit ihnen probt, tanzen, den knappen Kommandos einer Choreographin gehorchend, im Rhythmus der Musik über den Rasen. Fellini, vor dem die Japaner gehen und ihn filmen, fragt die junge englische Schauspielerin...

> *Fellini:* I would like to make a little test to you, dressed like a boy. It is for the leading caracter of Karl, the protagonist of Kafka's ›America‹.

Die Japanerin unterbricht ihn, indem sie auf die Tänzer hinter sich deutet, die nun auf den Tasten einer riesigen Schreibmaschine tanzen, die fast so hoch ist wie die Pinien.

> *Japanerin:* Sie das gemacht? Für Ihren Film?
> *Fellini:* Aber nein, das muß irgendeine Werbung sein...

Dabei singt er den Schreibmaschinen-Werbespot vor sich hin.

> *Fellini:* Imperial! Mit Imperial, tick tick tack, ist die Arbeit gleich gemacht!

Der japanische Kameramann schwenkt die Kamera auf zwei alte Rolls Royce. Es sind Sperrholz-Requisiten, die von zwei Dekorateuren geschoben werden. Einer der Männer fragt scherzhaft...

Dekorateur: Dottore, wo soll ich das Benzin einfüllen?!

Aus einem anderen Weg kommt ein Trupp Majorettes, mit wehenden Quasten und Federbusch auf dem Kopf. Sie marschieren zu den Klängen von »Dove sta Zazzà«. Auf einem gigantischen goldenen Kanonenrohr sitzt mit übereinandergeschlagenen Beinen eine hübsche junge Negerin. Der Trupp marschiert über den Rasenplatz und bleibt vor einem Werbeplakat stehen, auf das ein riesiger, bleicher Mund gemalt ist. Eine Kamera, die auf einer langen Schiene fährt, filmt die ganze Szene: auch dies ein Werbespot. Die Majorettes machen einen letzten Schwenk und bleiben stehen. Die Musik verstummt. Ein Trommelwirbel ertönt, das Kanonenrohr richtet sich auf und zielt auf das Plakat mit den Lippen. Der Regisseur hebt das Megaphon an den Mund und skandiert...

Werbespot-Regisseur: Eins, zwei, drei, Feuer!

Die Kanone geht los, und in der Rauchwolke, die sich nun erhebt, erscheint rotglänzend ein überdimensionaler Lippenstift. Als der Rauch sich verzogen hat, ist der große Mund mit einem grellen Lackrot geschminkt. Darüber ist der Name der Kosmetikfirma »Akariu« zu lesen, der von den Majorettes im Chor wiederholt wird. Die Musikkapelle schmettert eine triumphale Melodie, während sich der Regisseur sinnend mit der Hand durchs Haar fährt. Die Japaner setzen ihr Interview mit Fellini fort, der vor der Fernsehkamera spricht.

Fellini: Der Gedanke, daß es Cinecittà gibt, ist für mich irgendwie tröstlich; sagen wir, Cinecittà ist für mich wie ein Fort, ein Alibi, wenn Sie so wollen... ja, vielleicht ein Alibi.

Wir sind mittlerweile bei der Kantine angelangt, wo Fellini ein bekanntes Gesicht in der Menge entdeckt. Sofort ruft er...

Fellini: Nadja! (und erklärend zu den Japanern) Die junge Dame dort weiß viel mehr über Cinecittà als ich.

Er schiebt sich am Fernsehteam vorbei und geht auf das junge Mädchen zu, das sich umdreht und ihn mit einnehmender Unbefangenheit grüßt.

Nadja: Tag!

Sie ist eine zierliche junge Frau, die dem Titelblatt einer alten Illustrierten entstiegen sein könnte: schwarzes Kleid, Stola um die Schultern, Handschuhe und Perlenkette, blonde Locken unter einem breitkrempigen Hut, der das schmale, im Pierette-Stil geschminkte Gesicht umrahmt.

Fellini: Nadja, entschuldige, die Herrschaften vom japanischen Fernsehen...

Nadja (herzlicher): Guten Tag!

Fellini: ...möchten dich interviewen.

Nadja: Mich?!

Fellini wendet sich wieder zu seinen Gästen und erklärt...

Fellini: Sie könnten sie als Vestalin der Filmstadt vorstellen... Ja, wirklich, denn sie ist die Hüterin des Filmarchivs, wo Cinecittà seit seiner Gründung die Erinnerungen an sich selbst aufbewahrt.

Nadja hat ihm, ohne sich vom Fleck zu rühren, mit belustigter und skeptischer Miene zugehört und meint nun...

Nadja: Ja und?

Fellini: Würdest du ein paar Fragen beantworten?

Nadja: Aber ich habe zu tun, ich muß jetzt einen Cappuccino trinken gehen, ich bin sowieso schon spät dran...

Fellini: Was, betrachtest du Kaffeetrinken etwa als Arbeit?!

Auf einem von einem Maulesel gezogenen Pritschenwagen fahren ein paar Bühnenarbeiter vorbei.

Ein Bühnenarbeiter: Dottore, wann fangen wir an?

Fellini (off): Bald, bald geht's los! (zu den Japanern) Gehen wir mit der jungen Dame ins Café, arbeiten wir auch ein bißchen...

Kantine. Cinecittà. Innen. Tag.

Umringt vom japanischen Team und von als Priester und Krieger kostümierten Gelegenheitsstatisten, ordnet sich Fellini vor einem Spiegel, den ihm eine Friseuse vorhält, das Haar.

Fellini: Und mich schaut keiner an? Wie sehe ich aus?

Chiodo hat sich wieder an Maurizios Fersen geheftet.

Chiodo: Die Rolle ist mir schnurzegal, ich will nur bei ihm sein! Chiodo muß immer in seiner Nähe sein! Man kann doch nicht zulassen, daß der Mann sich so zugrunde richtet, dem muß man den Rücken stärken und aufpassen, daß er gesund bleibt! Wenn er krank wird, dann haben wir nichts mehr zu beißen, wollt ihr das endlich begreifen!

Fellini hat sich inzwischen schön gemacht und verabschiedet sich von der Friseuse.

Fellini: Ciao, bella!

Ohne auf Chiodos Gezeter zu achten, wendet er sich wieder den Fernsehleuten zu.

> *Fellini:* ...ein schönes breites Bett in einem leeren dunklen Studio, was gibt es Erregenderes und Beruhigenderes für einen in meinem Metier... ein kahles Filmstudio, in dem man alles neu erschafft, neu beginnt, wo man es Licht werden läßt, den Dingen Leben einhaucht; da kommt man sich vor wie der Herrgott persönlich...

Ein Arbeiter, der mit irgend jemandem in die Wolle geraten ist, übertönt das ohrenbetäubende Stimmengewirr...

> *Arbeiter:* Was soll das? Wenn ihr mir keine Benzingutscheine gebt, dann komme ich nicht mehr!

Nadja, die gerade weggehen will, wird von Fellini zurückgerufen.

Fellini: Nadja! Nadja!

Eine als Nonne verkleidete Statistin plaudert mit einer Kollegin.

> *Nonne:* Tja, da sieht man, daß du eben nicht das richtige Gesicht für eine Nonne hast...
>
> *Statistin:* Meinst du etwa, du hast es, das Nonnengesicht?!
>
> *Fellini:* Nadja, wohin gehst du? Nadja! Wohin gehst du?

Endlich bleibt Nadja stehen und blickt über die Schulter zurück.

Nadja: Ich muß jetzt wirklich gehen, der Chef wartet auf mich.

Sie verläßt die Kantine, während ein kugelbäuchiger Mann zur Tür hereingeeilt kommt, in die Hände klatscht und brüllt...

> *Leiter der Komparserie:* Die Nonnen auf den Set! Die Nonnen auf den Set! Die Nonnen! Los, macht schnell!

Wiese in Cinecittà. Außen. Tag.

Auf einem Trampelpfad durch das von der Sonne versengte Gras fährt ein Arbeiter auf dem Fahrrad. Fellini ruft ihm Regieanweisungen nach...

> *Stimme von Fellini:* Und jetzt drehst du dich um und rufst: Ah, Nadja, und wenn ich dich zum Abendessen einlade?

Der Arbeiter tut, wie ihm geheißen.

> *Arbeiter:* Ah, Nadja, und wenn ich dich zum Abendessen einlade?

Ein Stück weiter sehen wir Nadja, die sich nach irgendwelchen Wiesenkräutern bückt. Das japanische Team geht über die Wiese auf sie zu.

Japanerin: Entschuldigen Sie, Signorina, Sie jetzt gehen in Kinemathek?

Nadja hebt kaum den Kopf.

Nadja: Nein, jetzt pflücke ich Zichorie.

Japanerin: Ach so ...

Nadja: Gibt es bei euch in Japan auch Zichorie?

Japanerin (off): Wie wir wissen, hat Fellini alle seine Filme in Cinecittà gedreht, gibt es irgendwo noch Kulissen von ihm?

Nadja richtet sich auf und beteiligt sich mit etwas mehr Interesse, aber noch immer in leicht ironischem Ton am Gespräch.

Nadja: Nein, er darf immer alles mit nach Hause nehmen, wenn der Film fertig ist.

Japanerin: Und wo ist das berühmte Wasserbecken? Das von Ben Hur?

Nadja: Ach, das war, glaube ich, dort drüben. Da ist Ben Hur gedreht worden, Quo vadis, die Seeschlacht aus Cleopatra ... Aber jetzt werden wir allmählich von diesen Wohnklötzen umzingelt, sehen Sie?

Wirklich scheinen die großen Häuser, die sich bis dicht an die Umfassungsmauer von Cinecittà vorgeschoben haben, die Filmstadt regelrecht zu belagern.

Nadja (off): Sie schießen in einer Nacht aus dem Boden; eines Tages werden sie alle hier drinnen sein ...

Sie bückt sich und pflückt weiter.

Nadja (on): Da sehen Sie, das ist Zichorie.

Japanerin: Wozu ist sie gut? Was machen Sie damit?

Nadja: Oh, leicht gedünstet, zusammen mit Pfefferschoten, ist sie eine Köstlichkeit!

Der Interviewer kostet von dem Pflänzchen, das Nadja ihm gegeben hat, und spuckt es mit angewiderter Miene wieder aus.

Nadja: Meine Großmutter hat immer gesagt, eine Tasse Zichorientee ...

Die Japanerin lacht ...

Japanerin: Herb, sagt er!

Nadja richtet sich mit dem halbvollen Beutel in der Hand wieder auf.

Nadja: Das ist ja gerade das Gute daran; es ist eine angenehme

Herbheit. Genau wie bei den Römern, du meinst, sie können dich nicht leiden, aber in Wirklichkeit mögen sie dich...

Wenig überzeugt kosten die Japaner erneut von dem sonderbaren Kraut. Nadja schlägt vor...

Nadja: Wie wär's, wenn wir eine Handelsgesellschaft gründen und Zichorie nach Japan importieren würden?

...Aber jetzt muß ich wirklich gehen... entschuldigen Sie... Vielen Dank auch und viel Erfolg!

Sie geht über den dürren Rasen davon, und die Japaner plaudern in ihrer eigenen Sprache weiter. Während Nadjas zierliche Gestalt sich im Hintergrund verliert, wendet sich die Japanerin wieder Fellini zu...

Japanerin: Signor Fellini, können Sie uns erzählen, wie Sie zum ersten Mal nach Cinecittà gekommen sind?

Stimme von Fellini: Nun ja! Das war vor langer Zeit, in den Vierziger Jahren. Da war gerade Krieg. Ich war damals Journalist und sollte einen berühmten Filmstar interviewen... Man stieg in eine kleine blaue Straßenbahn, die am Bahnhof...

Rom. Vor dem Hotel »Casa del Passeggero«. Außen. Tag.

Stimme von Fellini: ...vor einem alten Tageshotel namens »La Casa del Passeggero« abfuhr...

Wir befinden uns in der Nähe des Bahnhofs, mitten im Menschengewühl und im chaotischen Verkehr: Autos, überfüllte, dröhnende Omnibusse, dazwischen marokkanische Teppichhändler, Eisverkäufer, in voller Lautstärke laufende Kofferradios etc. Zwei Mercedes kommen angefahren, aus denen der Aufnahmeleiter, Menicuccio sowie Maurizio und einer seiner Assistenten aussteigen. Auch ein Photograph ist dabei, der augenblicklich zu knipsen beginnt und das Hotel von allen Seiten aufnimmt.

Assistent (zum Photographen): Machst du auch eine Großaufnahme vom Hotelschild?

Photograph: Ja.

Der betagte und resolute Bühnenmeister Menicuccio steigt die Stufen zu dem niedriger als die Straße liegenden Hotel hinab. Der Photograph und der Assistent gehen zur anderen Seite des Gebäudes.

Assistent: Und von hier machst du eine Totale...

Photograph: Sollen die Fenster im ersten Stock auch mit drauf?
Assistent: Ja, ja, nur zu.

Maurizio, der mit einem Walkie-Talkie in der Hand neben dem Mercedes stehengeblieben ist, gibt einen Bericht über die Ortsbesichtigung durch.

Maurizio: Hallo Gino, hier Maurizio. Wir haben uns das Ding angesehen: nichts zu machen. Die neue »Casa del Passeggero« können wir nicht nehmen. Der Besitzer hat auch gewechselt ... Weiß nicht, Araber, glaube ich ... was machen wir jetzt? Soll ich zurückfahren? Hallo Gino, bitte melden!

Rom. Altes Straßendepot der Stefer. Außen. Tag.

In der riesigen Halle eines heruntergekommenen Straßenbahndepots sehen wir im Halbdunkel aufgereiht die alten, ausrangierten Waggons stehen.

Die Stimmen der Japaner und des Studioleiters, der mit Maurizio spricht, schallen durch die Morgenstille.

Gino: Ja, Fellini ist mit mir im Straßenbahndepot. Bitte melden! Der japanische Kameramann ist dabei, das Straßenbahndepot zu filmen, während Gino weiter ins Walkie-Talkie spricht.

Gino: Also, dann kommt zurück! Hä? Ach was, Lunchpakete, ihr kommt direkt hierher und zwar schnell!

Ein beigefarbener Mercedes fährt vor, in dem ein Mann sitzt und die »Unità« liest.

Aus dem Off hören wir Fellini fragen ...

Fellini (off): Hat Peter sich noch nicht sehen lassen? Ah, da ist er ja! Zuerst sieht man die »Unità« und dann den alten Peter.

Er tritt an die Wagentür und hilft dem betagten Herrn, der ein sanftmütiges und ironisches Gesicht mit Spitzbärtchen hat und eine Intellektuellenbrille mit kleinen Gläsern trägt, beim Aussteigen.

Fellini (stellt ihn vor): Das ist der legendäre Notarianni, ein alter Freund von mir und der ausführende Produzent. Hat an die dreihundert Filme gemacht, die ersten noch mit den Brüdern Lumière ...

Notarianni lächelt geschmeichelt und belustigt.

Notarianni: Sogar noch früher ...

Fellini legt ihm einen Arm um die Schulter, und gemeinsam gehen sie auf die Hallen zu.

Fellini: Weißt du, was die Japaner mich gefragt haben? Wie mein Verhältnis zur Produktion sei. Geprägt von absolutem gegenseitigem Mißtrauen, habe ich gesagt.

Notarianni: Scheint mir völlig zutreffend.

Am Halleneingang steht, umringt von seinen Beleuchtern, Tonino delli Colli und ruft in bestimmtem Ton nach dem ausführenden Produzenten...

Delli Colli: Notarianni! Notarianni!

Notarianni: Ciao, Tonino!

Delli Colli: Hier brauchen wir Lampenstative, und zwar jede Menge! Sag dem Millozza, daß es hier drinnen nie und nimmer hell genug ist.

In der Stefer-Halle. Innen. Tag.

Stimme Notariannis: Komm, Tonino, sei lieb...

Delli Colli, der Chefbeleuchter Romano, ein Bühnenarbeiter und der Photograph treten wieder unter das gewölbte Dach des großen Depots, das kaum Licht von außen erhält. Die altertümlichen blauen Straßenbahnwaggons, die nebeneinander auf den toten Gleisen stehen, und die widerhallenden Stimmen der Besucher geben der ganzen Szene etwas Abenteuerliches.

Romano blickt mit fachmännischer Miene um sich.

Romano: Hör mal, Tonino, die Balken da oben halten nicht mehr viel aus...

Delli Colli: Ich habe doch gesagt, wir brauchen Stative, hast du's nicht gehört?!

Stimme eines Arbeiters: Dottore, wissen Sie noch, damals, die Pizzeria dort an dem kleinen Platz... da konnte man so gut essen, bei der Signora...

Romano (verblüfft): Hör dir mal das Echo hier drinnen an...

Nun ertönt die Stimme von Fellini...

Fellini (off): Wo ist Christian? Christian! Christian, mach mir doch ein paar Innenaufnahmen von den Waggons.

Christian, ein junger Mann mit blondem Haar und hautengen Jeans ist bereits dabei, das staubige Innere eines der alten Waggons zu photographieren.

Fellini erscheint zusammen mit Tonino und dem langhaarigen Beleuchter.

Fellini (zum Photographen): Und jetzt gehst du ganz nach hinten und machst ein paar Gesamtaufnahmen.

Die drei steigen in den Waggon.

Delli Colli: Das ist der Waggon, der nach Cinecittà fuhr. Wie oft hab ich darin gesessen...

Fellini: Tonino, wann war das denn, als du zum ersten Mal nach Cinecittà kamst?

Delli Colli: Ah, das war 1938...

Langhaariger Beleuchter: Als der Commendatore zum ersten Mal die Strecke fuhr, gab es noch die Pferdebahn!

Delli Colli: Du Witzbold, willst wohl entlassen werden?!

Sie gehen nach vorne zum Fahrersitz, von wo aus der sonnenüberflutete Platz vor dem Depot zu sehen ist, auf dem soeben zwei wild hupende Mercedes vorfahren. Tonino hängt weiter seinen Erinnerungen nach.

Delli Colli: Und stell dir vor, Terzani und ich fuhren manchmal sogar mit dem Fahrrad hin! Erinnerst du dich an Terzani?

Fellini: Tonino, ich bin immerhin zwanzig Jahre jünger als du!

Delli Colli (gutmütig lächelnd): Ja, ja, zwanzig...

Fellini: Da sind sie ja. Sieh dir das an, wie die angefahren kommen, man denkt immer, wir haben einen Raubüberfall vor...

Er deutet mit dem Kinn auf die beiden Limousinen, aus denen nun der Regieassistent Maurizio und eine brünette Schönheit steigen.

Stimme von Fellini (off): Wen hat Maurizio denn dabei? Maurizio!

Die üppige Brünette und der Regieassistent sind an die vordere Waggontür getreten.

Maurizio: Ah, Fellini, ich habe die Signora am Bahnhof entdeckt und dachte, wir könnten ein paar Probeaufnahmen von ihr machen, als Brunelda...

Brünette (freundlich und verlegen): Guten Tag!

Fellini: Als Brunelda? Vielleicht keine schlechte Idee. Entschuldigen Sie die etwas rauhen Sitten hier bei uns, Signora, es muß Ihnen ja beinahe wie eine Entführung vorgekommen sein, oder?

Er steht neben Tonino auf dem Trittbrett und blickt zu seinen Gesprächspartnern hinab.

Fellini: Laß ein paar Photos von ihr machen. (Dann mit vorwurfsvollem Lächeln) Brunelda ist allerdings blond, Maurizio!

In diesem Augenblick tritt Menicuccio, den üblichen Hut auf dem Kopf, an die Waggontür und späht hinein.

Menicuccio: Wollen wir also hier drehen, Commendatore?

Delli Colli (schicksalsergeben): Drehen wir hier, von mir aus...

Menicuccio (in professionellem Ton): Endgültig?

Delli Colli (ironisch): Du dachtest doch nicht etwa, wir würden uns einen unproblematischen Drehort suchen?

Platz vor der Stefer/Casa del Passeggero. Außen. Tag.

Fellini spricht vor der Fernsehkamera der Japaner, die in einer Ecke des großen Platzes Aufnahmen von ihm machen.

Fellini: Ich glaube, diesen Platz werde ich nehmen. Ein paar Kulissen, ein Dach und ein bißchen Kleingeld, und wir können versuchen, hier die »Casa del Passeggero« nachzubauen.

Gesagt, getan. Handwerker, Bühnenbildner und Arbeiter sind bereits dabei, die Außenwand eines alten Hauses in die Fassade der »Casa del Passeggero« zu verwandeln. Das große Hotelschild wird mit Stricken an das improvisierte Vordach hinaufgehievt, unter der Aufsicht und den anfeuernden Rufen des unermüdlichen Menicuccio, der als Bühnenmeister jetzt ganz in seinem Element ist.

Menicuccio: Hau-Ruck, und hinauf! Hau-Ruck, und hinauf!

»Gußeiserne« Lampen aus Pappmaché werden aufgestellt, während man Bühnenarbeiter weniger eifrige Kollegen anschnauzen hört...

Ein Arbeiter: He du! Bist du zur Erholung hier? Pack mal mit an! Na los!

Einer der Set-Photographen liegt flach auf dem Boden und versucht, mitten im Getöse der Hämmer und kreischenden Flaschenzüge möglichst viele Bilder zu knipsen.

Nun werden Kulissenteile aus Holz herangeschleppt, die der Hotelfassade den letzten Schliff geben sollen. Menicuccio kommandiert.

Menicuccio: Nein, nein, unten an der Treppe! Jawohl, und jetzt festnageln! Die Jalousie ist schief! Zieh die Schnur zu dir rüber!

Die Umwandlung ist vollendet, und alle betrachten zufrieden ihr Werk: Man meint tatsächlich, das echte Hotel vor sich zu haben.

Maskenbildnerei. Innen. Tag.

Das kleine japanische Team tritt in die improvisierte Maskenbildnerei, wo Friseure, Maskenbildner, Schneiderinnen und Büglerinnen in der typischen hektischen und chaotischen Atmosphäre kurz vor Drehbeginn bei der Arbeit sind. Olga, das Scriptgirl, redet freundlich und beruhigend auf einen jungen Schauspieler ein, der vor einem der Spiegel sitzt, während ein Friseur verschiedene Frisuren an ihm ausprobiert.

Scriptgirl: Na, na, Sergio, sei ganz ruhig! Du heißt doch Sergio, oder? Du wirst sehen, zehn Minuten, nachdem du angefangen hast, wird es dir vorkommen, als seist du schon immer bei uns!

Die Japaner nähern sich mit ihren Kameras dem jungen Schauspieler namens Sergio Rubini.

Japanerin: Entschuldigen Sie bitte, aber wir müssen jede einzelne Phase filmen...

Rubini (leise und zaghaft): Aber ja, gewiß...

Neben Rubini sitzt Antonella, eine junge Schauspielerin, der ebenfalls ein Maskenbildner und ein Friseur assistieren.

Rubini: Soll ich in die Kamera schauen?

Japanerin: Welche Rolle spielen Sie in diesem Film?

Rubini stammelt mit schüchterner, zögernder Stimme...

Rubini: Äh, ja... (zum Scriptgirl gewandt) Welche Rolle spiele ich?

Scriptgirl: Oh, eine sehr nette Rolle. Hat er es dir denn nicht gesagt?

Rubini: Nein, noch nicht...

Fellini tritt herein und fährt die zudringlichen Japaner unwillig an.

Fellini: O nein, nein, entschuldigen Sie, aber das geht wirklich nicht! Übersetzen Sie, Signorina! Hier wird gearbeitet, bitte haben Sie Verständnis, warten Sie! Sie können ihn später interviewen!

Immer noch ärgerlich tritt er an Rubinis Stuhl, streicht dann aber zärtlich über Olgas Kopf, lächelt Rubini zu und sagt, bereits wieder besänftigt...

Fellini: Na, was erzählt dir denn unser Olgachen, will sie dir Mut machen? (zu Olga) Wie geht's? Bemutterst du ihn ein bißchen?

Scriptgirl: Er möchte wissen, welche Rolle er bekommt...

Fellini: Aber ja doch, ich sage es ihm gleich.

Er tritt hinter Rubinis Stuhl.

Fellini: Also, du bist ein Journalist, ein junger Journalist, der von seinem Chef nach Cinecittà geschickt worden ist, um einen Filmstar zu interviewen...

Plötzlich hält er sich die Ohren zu und ruft in gereiztem Ton...

Fellini: Macht doch das Radio aus! Ist ja nicht möglich! Was müßt ihr hier für Ohren haben, wie haltet ihr es nur aus in diesem Lärm?!

Dann wendet er sich erneut zu Rubini und fährt geduldig fort, ihm seine Rolle zu erläutern.

Fellini (off): Also, Sergio, dieser Journalist ist sehr aufgeregt, denn er ist zum ersten Mal in Cinecittà, und die Schauspielerin, mit der er das Interview machen soll, ist eine Frau, die er schon immer sehr erregend fand...

Mitten im Satz bricht er ab und dreht sich zum Maskenbildner um.

Fellini (on): Ah, Massimo, da fällt mir ein, hast du an den Pickel gedacht...

Maskenbildner: Ja, ja, schon fertig.

Fellini: Ah, gut... ich möchte ihm nämlich einen kleinen Pickel verpassen, du weißt schon, so wie diese...

In belustigtem, leicht spöttischem Ton schaltet sich Olga ein.

Scriptgirl: Hast du erwartet, daß er ihn so läßt, wie er ist?!

Fellini (tadelnd, off): Olga, treib es nicht zu weit! Ich habe dich zwar gebeten, dich ein wenig um ihn zu kümmern, aber mir scheint, du nimmst es zu ernst...

Nebenan plaudert die Friseuse mit der jungen Schauspielerin...

Friseuse: In diesem Alter muß man sich eben austoben...

Fellini (off): Ich tue das doch nicht einfach aus einer Laune heraus oder um ihm eins auszuwischen...

Während er aufmerksam den Worten Fellinis lauscht, der ihm helfen will, seine Rolle besser zu verstehen, beugt sich Rubini zum Spiegel vor, um zu sehen, wie sich die kleine Verunzierung in seinem Gesicht ausnimmt.

Fellini (off): Ich dachte mir nämlich, daß sich einer wie du gehemmt fühlt, daß es ihm peinlich ist, wenn er mit einem Pickel auf der Nase eine schöne Frau interviewen soll...

Rubini: Ja, stimmt...

Fellini (off): Und genau so möchte ich es haben, so soll sich diese Gestalt verhalten. Es ist eine Hilfe für dich als Schauspieler, verstanden?

Platz vor dem Stefer-Depot. Außen. Tag.

Auf den großen Platz vor der Stefer, der früheren römischen Stra-
ßenbahngesellschaft, kommen zwei Lastwagen gefahren, auf deren
Ladeflächen die beiden aus Holz nachgebauten Waggons der blauen
Straßenbahn montiert sind. Maurizio brüllt hektisch Befehle.

> *Maurizio:* Vorwärts! Vorwärts! Gut so, wartet hier vor dem
> Tor, gleich geht es weiter nach Rom!

Maskenbildnerei. Innen. Tag.

Ein schmächtiger, blasser junger Mann mit melancholischem Blick
kommt keuchend zur Tür herein. Es ist der Assistent des Regieassistenten.

> *Assistent:* Sergio, Antonella, ist gut so, macht Schluß! Kommt
> mit, schnell, es geht los!

Die beiden jungen Schauspieler springen von ihren Sitzen auf und
werfen rasch noch einen letzten Blick in den Spiegel.

Platz vor der Stefer. Außen. Tag.

Zwei Polizisten auf Motorrädern kommen auf den Platz gerast,
während Maurizio mit dem Megaphon an den Lippen weitere
Anweisungen gibt.

> *Maurizio:* Und jetzt bitte mir nach! Stellt euch nebeneinander,
> ja, gut so, danke. Ihr müßt nachher den Konvoi eröffnen!

Während die Arbeiter die nachgebaute Straßenbahn auf der Ladefläche fertig machen, treten Maurizio, sein Assistent und die Sekretärin
unter das Fenster der Maskenbildnerei.

> *Maurizio* (ruft): Fellini, hören Sie...

Fellini zeigt sich am Fenster und fragt ungehalten...

> *Fellini:* Was ist denn?
> *Sekretärin:* Der Schauspieler, der aus Neapel kommen sollte,
> hat angerufen. Er hat gesagt, er kommt nicht...
> *Fellini:* Wer kommt nicht?!
> *Assistent:* Der Dicke, den wir als faschistischen Parteileiter
> nehmen wollten...
> *Maurizio* (präzisiert): Der Fettsack...

Im Stefer-Depot. Maskenbildnerei. Innen. Tag.

Fellini wendet sich vom Fenster ab und blickt ärgerlich über den Raum.

> *Fellini:* Und das sagt ihr mir jetzt, im letzten Augenblick?! Fünf Minuten vor Drehbeginn?!

Von draußen hört man die klägliche Stimme der Sekretärin.

> *Sekretärin:* Wir haben es doch eben erst erfahren!
>
> *Fellini:* Was ist das nur für ein ...

Er verharrt eine Weile in düsterem Schweigen. Von draußen ertönt die Stimme des Leiters der Komparserie, der die Darsteller zusammenruft, während Notarianni in einer Ecke des großen Raums in aller Seelenruhe auf die Fragen der Japaner antwortet.

> *Notarianni* (aus dem Off ins On): Alles genau vorauszuplanen, macht überhaupt keinen Spaß ... Darin stimme ich mit Fellini überein; das Schöne an unserer Arbeit ist doch gerade, das Unvorhersehbare einzuplanen. Auch wenn man dabei mal ausgeschmiert wird ...

Fellini, der ihn schweigend mustert, lächelt plötzlich, als sei ihm ein höchst vergnüglicher Einfall gekommen.

Platz vor dem Stefer-Depot. Außen. Tag.

Es wird zum Aufbruch gerüstet. Der ganze Platz ist in Bewegung, alles läuft hektisch hin und her; Anordnungen und widersprüchliche Befehle tönen durcheinander.

> *Leiter der Komparserie:* Keine Sorge, die ganze Gruppe steigt mit ein ...
>
> *Stimme von Fellini* (aus dem Megaphon): Wo ist die Gruppe mit Rubini ...?!
>
> *Leiter der Komparserie:* Einsteigen, auf geht's!

Die kleine Schar der Darsteller – alle im Stil der dreißiger Jahre gekleidet – klettert mit aufgeregtem, fröhlichem Geschrei in die auf die Laderampen montierten Straßenbahnwaggons.

> *Aufnahmeleiter:* Die zwei Kästen Mineralwasser habe ich eingeladen!

Eine Schneiderin kommt über den Platz auf Fellini zugelaufen, der neben einem der Waggons steht.

> *Schneiderin:* Dottore, Dottore, hier ist Ihr Hemd!

33

Fellini greift nach dem Hemd und ruft dabei ins Megaphon...

Fellini: Gino, aber wir brauchen doch vier Polizisten! Zwei für vorn und zwei für hinten!

Die Komparsen nehmen in der kleinen Straßenbahn Platz, unter der gestrengen Aufsicht des Scriptgirls, die allen ihre Plätze zuweist.

Scriptgirl: Hier auf der rechten Seite müßt ihr mir unbedingt zwei Plätze freilassen. Die Kinder mit ihren Eltern nach hinten... Sind alle da? Der Faschist fehlt...

Sie stürzt zum Ausgang und ruft, auf dem Trittbrett stehend...

Scriptgirl: Der Faschist fehlt!

Doch da kommt er schon, der Faschist: es ist Notarianni, der als Parteibonze verkleidet worden ist, mit Schwarzhemd und hohen schwarzen Stiefeln. Lamentierend schleppt er sich auf die Waggons zu.

Notarianni: Den will doch sonst keiner machen! Au! Federì, in diesen Stiefeln kann ich nicht gehen, unmöglich!

Fellini kommt ihm höchst amüsiert entgegen.

Fellini: Fabelhaft siehst du aus! Was für ein Glück, daß der andere nicht gekommen ist!

Notarianni: Ich mußte sie mit Watte ausstopfen lassen; zu aller Schmach auch noch diese Qual!

Fellini: Du sitzt doch die ganze Zeit... Ich kann mich beglückwünschen, du wirkst beklemmend echt!

Notarianni klettert mühsam auf das Trittbrett des Straßenbahnwaggons.

Notarianni: Wo soll ich mich hinsetzen?

Scriptgirl: Setz dich ans Fenster! (dann, in Gelächter ausbrechend) Du hast vielleicht Mut! Wie willst du das deinen Genossen erklären?

Sie lacht weiter vor sich hin, während Notarianni sich resigniert auf dem Platz niederläßt, den sie ihm zugewiesen hat. Fellini, der noch immer draußen neben einem der Lastwagenfahrer steht, wehrt ungeduldig die Schneiderin ab, die ihm das rote Hemd zuknöpfen will, das er sich eben übergezogen hat.

Schneiderin: Die Knöpfe sind offen, Dottore, wie sieht das aus...

Fellini: Ist schon gut so. Wo ist mein Megaphon? Wer hat mein Megaphon genommen?

Der Fahrer reicht es ihm.

Fellini: Ah, danke. Also...

Er hält es sich sofort an den Mund und ruft...

Fellini: Maurizio, sind die Motorradfahrer bereit?

Auf dem Platz hin und hergehend, gibt er letzte Anweisungen.

Fellini: Stell dich in Fahrtrichtung! Wenden sollst du! Also Gino, es geht los!

Scriptgirl: Federico, soll ich mich nach vorne setzen?

Fellini: Na schön, setz dich nach vorn! Verflixt, ich wollte noch rasch telefonieren! Du, Gino, kannst du nicht den Avvocato anrufen? Ach was, ich mache es später, laß nur. Fahren wir!

Die Polizisten auf den Motorrädern setzen sich als erste in Bewegung, gefolgt von den beiden Lastwagen mit den zwei Straßenbahnwaggons auf der Ladefläche. Im Triumph fährt der ganze Konvoi, an der Spitze der Jeep der Japaner, durch das Tor des Stefer-Depots hinaus, begleitet von einem heiteren, mitreißenden Marsch von Nino Rota.

(Musik)

Gleich einem Festzug biegt der ganze Konvoi in die verkehrsreiche Straße ein, wo ihm wie einer Zirkusparade neugierige und staunende Blicke folgen.

Straßen Roms. Blaue Straßenbahn. Innen/Außen. Tag.

Die Film-Karawane fährt an der Basilika San Giovanni vorbei. In die Begleitmusik mischt sich widerhallendes Glockengeläute.

An der Porta San Giovanni biegt der Konvoi in die Via Appia ein. Der Mann auf dem Fahrersitz hantiert am Steuer, als führe er eine echte Straßenbahn.

Nun sind wir am Eingang der Appia Antica angelangt. Notarianni in seinem Parteileiterkostüm bemerkt voller Stolz...

Notarianni: Ah ja, zu dieser Linie kann ich mich beglückwünschen! Die haben wir im Eilverfahren gebaut.

Sergio und Antonella tauschen einen zärtlich-einverständlichen Blick. Sie sitzen beide an ihrem Fensterplatz, getrennt durch den Mittelgang. Antonella trägt ein leuchtendgelbes ärmelloses Baumwollkleidchen, und auf ihren blonden Locken sitzt ein Strohhut. Sergio ist schwarz gekleidet, mit einem weißen Hemd im Robespierre-Stil.

Draußen vor den Fenstern ziehen die Ruinen des alten Roms

vorüber. Vor dem Hintergrund der römischen Campagna mit ihren Pinien erhebt sich das mächtige Grabmal des Cecilia Metella.
(Musik und Straßenbahngebimmel)
Ein kleines Mädchen, das hinter Rubini sitzt, steht auf und fragt ihn...

> *Mädchen:* Signore? Bist du Filmschauspieler?
> *Rubini:* Nein...
> *Mädchen:* Doch, du bist Filmschauspieler!

Sogleich steht ein zweites Mädchen auf und beteiligt sich an dem Spiel.

> *Zweites Mädchen:* Bist du Filmschauspieler?
> *Rubini:* Aber nein...

Auf den Scherz eingehend, schüttelt er den Kopf.
Die Mutter eines der Mädchen ruft ihr Kind zurück.

> *Mutter:* Esmeralda, komm her! Laß das, du störst den Herrn...

Auch die andere Mutter greift in leicht drohendem Ton ein...

> *Zweite Mutter:* Esmeralda, willst du eins auf den Mund?

Nun dreht sich auch Notarianni zu dem hinter ihm sitzenden Rubini um.

> *Notarianni:* Sind Sie Schauspieler, junger Mann?

Antonella verfolgt die Szene mit verhaltenem Lachen.

> *Rubini:* Nein, nein, ich bin nur Journalist...
> *Notarianni:* So ist's recht! Ein höchst verantwortungsvoller Beruf! Aber Sie werden es selbst merken, da bin ich ganz sicher.
> *Rubini:* Ja, ja, gewiß.

Notarianni blickt wieder nach vorn und verschränkt kämpferisch die Arme vor der Brust.

> *Notarianni:* Ich habe selbst auch als Journalist angefangen. Und Er auch, wie Ihr wißt.
> *Rubini* (beflissen nickend): Ja, ja.

Die Straßenbahn fährt auf den großen, holprigen Pflastersteinen der Via Appia draußen vor der Stadt durch die typische römische Campagna. Rubini winkt durch das Fenster fröhlich den Bauern auf den Feldern zu. Antonella betrachtet ihn voller Zuneigung. Immer häufiger und immer weniger zufällig kreuzen sich die verständnisinnigen, lächelnden Blicke der beiden.
Von den wohlbestellten Feldern her ertönt plötzlich eine Melodie, die in den vierziger Jahren sehr beliebt war: »Oh Campagnola bella,

tu sei la Reginella...« Notarianni erhebt sich von seinem Platz und stellt sich ans offene Fenster.

Notarianni: Hört ihr das? In ihren Stimmen schwingt noch die gleiche Fröhlichkeit wie in denen der Bauern, die diese Felder zur Zeit Julius Cäsars bestellten.

Ein paar Bauern kommen über die Äcker langsam auf die kleine blaue Straßenbahn zu: eine fröhliche, ungezwungene kleine Schar, die sich ein an Stangen befestigtes weißes Leintuch über die Köpfe hält, um sich gegen die schon hoch vom Himmel herabbrennende Sonne zu schützen. Drei hübsche Bauernmädchen, eine im weißen, die andere im roten und die dritte im grünen Kittel, gehen mit großen Körben voller Trauben am Arm vor ihnen her. Die Straßenbahn hält, und die Türen öffnen sich. Notarianni stellt sich auf das Trittbrett und hebt martialisch den Arm zum faschistischen Gruß. Die anderen Fahrgäste drängen sich an die Fenster, allen voran Sergio und Antonella, denen diese unvorhergesehene Darbietung endlich die Möglichkeit gibt, einander näher zu kommen.

Die drei Bauernmädchen erwidern Notariannis Gruß, indem sie ihrerseits den Arm heben und rufen...

Bauernmädchen: Viva l'Italia!

Auch einer der Fahrgäste mischt sich in das unerwartete Zeremoniell.

Fahrgast: Ein Hoch auf die hübschen Bäuerinnen der pontinischen Äcker!

Alle: Viva l'Italia!

Notarianni ist ausgestiegen und hebt erneut stolz den Arm zum Faschistengruß; die anderen Fahrgäste, die ebenfalls ausgestiegen sind, sowie der Schaffner und der Fahrer tun es ihm gleich. Unter weiteren Hochrufen und Äußerungen patriotischer Gesinnung gehen die drei Bauernmädchen auf Notarianni zu und bieten ihm die von Trauben überquellenden Körbe an.

Bauernmädchen: Mit faschistischem Schwung reichen wir euch die goldenen Früchte unseres Bodens!

Notarianni: Danke!

Er nimmt sich eine Traube, und die Bauernmädchen beginnen Trauben zu verteilen und den Fahrgästen hinaufzureichen, die in den Waggons an den Fenstern stehen. Rubini greift sich eine schöne, reife Traube und fragt die Mädchen...

Rubini: Die sind doch gewaschen, oder?

Dann macht er sich zusammen mit Antonella daran, die Beeren abzuzupfen.

Antonella: Hm, süß.

Allenthalben herzliche, zufriedene Dankesrufe.

Von den Bäuerinnen umringt, hebt der Parteileiter wieder den Arm und versucht sich mit einer kleinen Rede zu produzieren.

Notarianni: Genossinnen! Als euer stolzer Bewunderer laßt mich euch sagen ...

Doch die »Genossinnen« werfen sich ihm begeistert an den Hals und hindern ihn mit Küßchen am Weitersprechen.

Bauernmädchen: Von meiner Mutter, die nicht mehr laufen kann, soll ich Euch auch ein Küßchen geben!

Der »Parteileiter« nimmt diese netten Herzlichkeitsbekundungen hocherfreut entgegen und hebt dann mit einiger Mühe erneut an ...

Notarianni: Gerne würde ich mich eurer edlen Arbeit anschließen ...

Wieder wird er mit Küssen, Umarmungen und Zärtlichkeiten überschüttet.

Bauernmädchen: Laßt Euch umarmen, nur einen Augenblick!

Notarianni versucht, seine Ansprache fortzusetzen.

Notarianni: ... doch die Pflicht ruft mich zu anderen Orten.

Während sich alles um ihn drängt, hebt er den Arm zu einem letzten Faschistengruß, der von den Umstehenden begeistert erwidert wird.

Notarianni (ruft laut): Viva l'Italia!

In der Zwischenzeit hat sich ein Maulesel auf die Gleise gestellt und will sich trotz des wütenden Gebimmels des Fahrers nicht von der Stelle rühren.

Straßenbahnfahrer (im römischen Dialekt): Stehst du immer noch da? Das tust du nur, um mich zu ärgern! Im guten und im bösen hab ich ihm gesagt, daß er seinen Esel anbinden soll! Wo steckt er nur, dieser Bauernlümmel?

Er macht die Tür wieder auf, steigt aus und brüllt den Esel an.

Straßenbahnfahrer: He! Willst du endlich abhauen?! (zu den anderen) Helft mir doch!

Mit Unterstützung eines der Fahrgäste schiebt er den Esel von den Gleisen.

Straßenbahnfahrer: Mach, daß du fortkommst, geh zu deinem Herrn, der ein noch größerer Esel ist als du! Herrje, daß man diese Komödie auch jeden Morgen erleben muß!

Unter den Abschiedsrufen der Bauern und der Fahrgäste im Waggon fährt die Straßenbahn wieder an.

Am Straßenrand steht ein Pater in weißwollener Kutte, der ein Schmetterlingsnetz geschultert hat, und winkt erfreut.

Und zu der ausklingenden Melodie von »Campagnola Bella« verläßt die Straßenbahn die ländliche Idylle, während sich die Schar der Bauern unter dem weißen Sonnendach so fröhlich, wie sie gekommen ist, wieder entfernt.

(Musik, Rattern der Straßenbahn)

Nun wechselt die Landschaft. Wir sehen die schimmernde Gischt eines grandiosen Wasserfalls, der sich mit Getöse auf eine sattgrüne Vegetation ergießt. Sergio Rubini geht zu Antonellas Fenster hinüber, um besser sehen zu können. Bald indes ziehen die beiden es vor, einander tief in die Augen zu blicken. Die aufsprühende Gischt verhüllt das Fenster mit einem Wasserschleier, hinter dem das Gesicht des jungen Mädchens verschwindet.

Antonella (zu Rubini): Man bekommt richtig Angst, nicht wahr? Aber schön ist es!

Wohlgefällig und pathetisch ruft Notarianni...

Notarianni: Niagara, Niagara! Wie Sie sehen, junger Mann, braucht Italien niemandem etwas zu neiden! Nicht einmal, was Wasserfälle betrifft!

Rubini stimmt ihm kühl zu.

Rubini: Schon wahr.

Und wieder hat sich das Bild verändert. Vor den Fenstern ziehen die zackigen Gipfel einer Bergkette vorüber. Die Straßenbahn fährt nun durch eine tiefe, enge Schlucht zwischen kahlen Felsmauern.

Plötzlich springt der Fahrer von seinem Sitz auf und ruft besorgt ins Wageninnere...

Straßenbahnfahrer (zu den Fahrgästen): Meine Herrschaften, sehen Sie mal, dort oben! Indianer!

Und wirklich ist auf einem hohen Felsvorsprung mit üppiger Vegetation ein Indianer mit Kopfschmuck und Pferd aufgetaucht. Die Fahrgäste wenden die Köpfe und blicken zu ihm hinauf.

Rubini dreht sich um und blickt zweifelnd und ungläubig auf die Kamera, so als halte er die ganze Sache wahrhaftig für leicht übertrieben, und murmelt...

Rubini: Boh...

Ein zweiter und ein dritter Indianer erscheinen am Rande des Felsvorsprungs, von dem eine hohe weiße Rauchsäule aufsteigt. Notarianni steht auf und späht aus dem offenen Fenster.

Notarianni: Ein mutiges, aber unzuverlässiges Völkchen. Weiß

39

Gott, warum man sich nicht dazu entschließt, alle diese Stämme auszurotten, bis auf ein paar Exemplare vielleicht, für Indianerfilme.

Nach Kinderart hält er Daumen und Zeigefinger wie eine Pistole und tut, als schieße er auf die Krieger dort oben.

Notarianni: Päng, päng!

Der Indianerhäuptling auf dem Felsen hebt den Arm zu einem friedlichen Gruß.

Nun geht das Grün der Landschaft in lichtes Himmelblau über, und ein Strand erscheint, mit Sanddünen, auf denen tropische Pflanzen wachsen. Gleich darauf taucht einen Schritt vom Fenster plötzlich ein riesiger Elefantenkopf auf und verdeckt die Landschaft. Rubini umklammert staunend und aufgeregt die Fensterpfosten und schüttet sich aus vor Lachen.

Rubini (lachend): He ihr!

Nun sind es schon drei, vier Elefanten, eine ganze Familie, die aus dem Meer steigen und den Strand heraufkommen. Notarianni sitzt, das kahle Haupt gesenkt, still vor sich hinlachend da. Dann hebt er den Blick und sagt zu Rubini...

Notarianni: Kennen Sie Abessinien, junger Mann?

Rubini: Nein.

Notarianni: Ein außergewöhnliches Land, unser Kaiserreich! Sie sollten einmal hinfahren.

Rubini: Ah, ich weiß, ich weiß.

Notarianni: Wie auch immer, wenn Elefanten aufkreuzen, so heißt das, daß wir bald in Cinecittà sind.

Und in der Tat verkündet die Straßenbahn laut bimmelnd ihre Ankunft, während draußen das schmucklose Eingangsgebäude der Filmstadt mit der Aufschrift »Cinecittà« erscheint.

Via Tusculana vor Cinecittà. Außen. Tag.

Die beiden auf die Lastwagen montierten Waggons der blauen Straßenbahn sind mitten im Verkehrsgewühl der breiten Autostraße stehengeblieben. Auf dem Mittelstreifen stehen Segeltuchstühle, Sonnenschirme und andere, für einen Filmset typische Ausrüstungsgegenstände herum.

Die Japaner setzen ihr Interview fort. Ihre Fernsehkameras sind auf den Regisseur gerichtet, der mit einem Sonnenhut in der Hand auf seinem Stuhl sitzt und sich in jeder Weise bemüht, den Erwartungen der Interviewer zu entsprechen.

Fellini: Freilich, wenn ich beschwören müßte, daß die Fahrt nach Cinecittà damals wirklich so war, käme ich in Verlegenheit.

Die Japanerin übersetzt rasch in den sanften Singsang ihrer Sprache.

Fellini: Doch wer weiß, vielleicht war sie in Wirklichkeit noch viel abenteuerlicher, viel spannender, ich erinnere mich nicht genau.

Noch sind nicht alle Fahrgäste aus der Straßenbahn ausgestiegen: da ist Antonella, die sich zu dem hinter ihr sitzenden jungen Burschen mit pomadeglänzendem Haar und prachtvollem Schnurrbart im roten Gesicht umdreht und ihm verkündet...

Antonella: Wir sind da!

Doch sogleich wendet sie sich wieder Rubini zu, der ebenfalls sitzen geblieben ist.

Antonella: Also dann...

Sie geht auf den Ausgang zu, gefolgt von dem rotgesichtigen jungen Burschen, dessen Hemdkragen über der kräftigen, behaarten und verschwitzten Brust offensteht. Rubini schließt sich ihnen an und stellt sich vor Antonella hin, die ihm die Hand reicht und sagt...

Antonella: Ich bin Antonella, vielleicht sehen wir uns irgendwann einmal wieder auf dieser Strecke... Darf ich Ihnen meinen Verlobten vorstellen?

Rubini drückt auch die Hand des jungen Burschen und stottert...

Rubini: Ah... freut mich...

Verlobter: Sehr erfreut, wirklich...

Er zieht einen Taschenkamm aus seiner Jacke und kämmt sich selbstgefällig das Haar, das ihm wie ein glänzender Helm am Kopf klebt; dann stolziert er zum Ausgang.

Antonella plaudert noch ein wenig mit Sergio.

Antonella: Wissen Sie, heute ist ein wichtiger Tag für mich... Ich muß zu einer Probeaufnahme. Ich habe ein bißchen Angst davor... Wer weiß, wie es gehen wird?

Leicht verlegen drückt Sergio noch einmal die Hand, die sie ihm hinstreckt.

Antonella: Wollen Sie mir nicht Glück wünschen für meine Probeaufnahme?

Rubini: Aber ja doch, viel Glück!

Antonella: Auf Wiedersehen.

Sie schickt sich zum Aussteigen an, während Sergio stehenbleibt und ihr hingerissen nachblickt. Durch die Fenster sieht er sie auf den Eingang von Cinecittà zugehen, wo der Verlobte auf sie wartet.

Aus dem Off ist Fellinis Stimme zu hören...

> *Fellini:* Von dem reizenden blonden Mädchen, das mit mir bis hierher fuhr, habe ich nie wieder etwas gehört!
>
> *Rubini* (off): Ciao! Alles Gute!

Das junge Mädchen, nun schon ein gutes Stück entfernt, dreht sich noch einmal um, hält ihren Hut fest und winkt.

> *Antonella:* Ciao!

Die Japaner filmen Fellini, Tonino delli Colli und Fiammetta, die dort auf dem Mittelstreifen zwischen den Fahrbahnen an einem Klapptischchen sitzt und auf der Schreibmaschine schreibt.

Eine schwarze Prachtlimousine mit dem Parteileiter darin kommt quer über die Straße gefahren und passiert den Eingang von Cinecittà, während der Torwächter den Arm zu einem strammen Faschistengruß hochreißt.

> *Fellini:* Ach ja, das hatte ich vergessen, auf den Parteibonzen, der mit uns gefahren ist, wartete hier vor dem Eingang ein schönes großes Auto! Und da fällt mir noch etwas ein: das erste Mal, als ich nach Cinecittà kam (off), ging ich einfach den Elefanten nach...

Und wirklich: gerade schreiten ein paar gewaltige Elefanten durchs Eingangstor. Rubini will ihnen folgen, doch der Torwächter, ein Riesenkerl in betreßter Uniform, hält ihn auf.

> *Rubini* (höflich): Guten Tag!
>
> *Torwächter:* Halt, stehenbleiben!
>
> *Rubini:* Ich bin angemeldet.
>
> *Torwächter:* Und bei wem?
>
> *Rubini:* Ich soll ein Interview machen...
>
> *Torwächter:* Ein Interview? Wie heißen Sie?
>
> *Rubini:* Ich bin Rubini, meine Zeitung hat hier angerufen.
>
> *Torwächter:* Rubini. Warten Sie, ich sehe nach.

Der Riesenkerl tritt an die Pförtnerloge und fragt den darin sitzenden Pförtner...

> *Torwächter:* Schau doch mal nach, ob da was von Rubini steht.
>
> *Pförtner:* Ja, steht drauf.

Der Uniformierte tritt zur Seite.

Torwächter: Sie können reingehen.

Rubini bedankt sich und geht zögernd unter dem Torbogen hindurch, der ins Innere der Filmfabrik führt.

Platz in Cinecittà. Außen. Tag.

In wildem Lauf kommt ein Dickwanst mit schwarzem T-Shirt, um die Hüften flatterndem weitem Hemd und Strohhut auf dem Kopf auf den Platz gerannt, bleibt stehen und schreit sich fast die Kehle aus dem Hals.

> *Leiter der Komparserie:* He, wo bleibt ihr denn? Soll ich euch vielleicht hintragen? Los, beeilt euch!!!

Er macht auf der Stelle kehrt und rennt in die andere Richtung davon, an den Elefanten vorbei, die von den Wärtern angetrieben gemächlich über den Platz trotten und kleine Staubwolken aufwirbeln.

Plötzlich ist die Luft von Papierschnipseln erfüllt, die unaufhörlich vom Himmel herabwirbeln, während erneutes, heiseres Gebrüll ertönt.

> *Regisseur* (off): Die Braut! Die Braaaut!!!
>
> *Andere Stimme:* Los, los, mach weiter mit den Blumen!
>
> *Regisseur* (off): Weiter mit den Blumen! Mehr!!! Noch mehr!!!

Auf einem Holzgerüst steht ein Arbeiter mit nacktem Oberkörper und wirft weiße und rosafarbene Papierschnipsel in die Luft.

Eingeschüchtert durch das ihm unverständliche Schauspiel, geht Rubini langsam und zögernd weiter. Die auf ihn einstürmenden Bilder der Filmsequenz, die hier gerade gedreht wird, wirkt auf ihn ebenso verwirrend wie die laut und hektisch durcheinander brüllenden, heiseren Stimmen und die vielen Leute überall. Weiße Sonnenschirme und sonderbare Geräte stehen herum, ein großes Stativ wird mühsam vorwärtsgezerrt; auf Räder montierte Scheinwerfer und Aufhellwände, gezogen oder geschoben von Arbeitern und Requisiteuren, die einem jungen Mädchen im Brautkleid mit weißem Schleier und Schleppe folgen, das voller Leidenschaft auf jemanden zustürmt, den wir nicht sehen.

Plötzlich brüllt jemand ...

> *Stimme:* Wer ist denn das?! Was hat der da hier zu suchen?!

»Der da« ist Rubini, der völlig verdattert dasteht.

> *Andere Stimme:* Was willst du hier! Duck dich! Runter mit dir, tiefer!!!

Rubini kauert bereits auf den Knien und wirft sich nun der Länge nach auf den Boden, wo er bäuchlings zwischen zwei Holzschienen liegenbleibt, während der Produktionsleiter weiter auf ihn einbrüllt.

Produktionsleiter: Runter, runter!

Flach auf dem Asphalt ausgestreckt, verfolgt der junge Mann nun die Szene, die unter dem heiseren Geschrei des Regisseurs trotz alledem gedreht wird.

Stimme des Regisseurs: Weiter mit den Blumen! Blast sie mit dem Ventilator her!!! Stoooop!!! Von vorne!

Stimme des Regieassistenten: Alles auf die Plätze!

Regisseur: Alles auf die Plätze! Wir machen es gleich noch einmal, geht wieder auf eure Plätze!

Der gesamte Hochzeitszug macht kehrt: Braut, Aufhellwand, Kamera, Stativ, Dekorateure, Bühnenarbeiter. Die Maskenbildner sind eifrig mit einem als Bräutigam gekleideten Schauspieler beschäftigt, der zur Lockerung der Gesichtsmuskeln seltsame Grimassen schneidet und mit den Lippen unhörbare Laute formt. Dann faßt er sich an den Bauch und jammert...

Bräutigam: Aua, aua!

Die Schneiderin sagt mitfühlend...

Schneiderin: Ich sage Ihnen doch, Sie dürfen nicht so rennen!

Auf einem hohen Holzturm steht der Regisseur, in der Hand ein Megaphon und auf dem Kopf einen Strohhut mit einem großen weißen Tuch, das ihm über den Nacken hängt.

Der Maskenbildner wendet sich nun der Braut zu und setzt ihr eine Träne in den Augenwinkel.

Stimme des Regisseurs: Musik!!

Auf einem Podium mitten auf dem Platz beginnt ein kleines Orchester schwungvoll zu spielen. Während Rubini noch immer flach auf dem Boden liegt, wird die Szene wiederholt. Die junge Braut in Großaufnahme: Für die Kamera stürmt sie erneut los, mit im Wind flatterndem Schleier. Auf ihrem hübschen, ebenmäßigen Gesicht liegt ein angespannter, dramatischer Ausdruck.

Stimme des Regisseurs (zur Schauspielerin, ins Megaphon): Und jetzt rufe: »Rolf! Rolf!«

Ringsum wirbeln die papiernen Blütenblätter durch die Luft, und eines davon bleibt genau am weit offenen Mund der verzweifelt rufenden Braut kleben.

Braut: Rolf! Rolf!

Wie Sklaven schieben muskulöse Bühnenarbeiter den großen,

schweren Turm des Regisseurs, der von oben die Aufnahme über-
wacht.

Regisseur: Genug! Aufhören!

Er springt auf und fuchtelt mit den Armen.

Regisseur: Stoooooop!!!

Es ist ein glorioser, triumphaler Schrei, und Rubini, der sich
inzwischen vom Boden aufgerappelt hat, kann es sich nicht verkneifen, als Antwort darauf zaghaft und doch begeistert in die
Hände zu klatschen.

Dann ertönt wieder die herrische Stimme des Regisseurs.

Regisseur: Ich will runter; helft mir!

Mit einiger Mühe klettert er die Leiter des Turms hinab. Vier, fünf
Arbeiter sind herbeigeeilt, um ihm dabei mit anspornenden, bera-
tenden und schmeichelnden Worten behilflich zu sein.

Erster Arbeiter: Vorsichtig, Dottore!

Zweiter Arbeiter: Helft ihm doch, na macht schon!

Anderer Arbeiter: Der Dottore braucht keine Hilfe, er klettert
doch wie eine Grille, unser Dottore!

Dritter Arbeiter: Langsam, langsam...

Vierter Arbeiter: Ich bin da, ich halte Sie, Dottore, keine
Sorge!

Endlich setzt der Regisseur die Füße auf den Boden. Sofort mahnt
einer der Arbeiter...

Arbeiter: Ihre Schuhe...

Der Regieassistent, der ebenfalls vom Turm herabgestiegen
kommt, sagt dienstfertig...

Regieassistent: Die habe ich, die Schuhe, hier sind sie
schon...

Arbeiter: Gib her, schnell!

Zweiter Arbeiter: Gib dem Dottore die Schuhe!

Der Regisseur lehnt sich an einen Querbalken des Turms, und
schon werden die Schuhe neben seine Füße gestellt, während der
Regieassistent beflissen hinzueilt, sich vor dem Regisseur nieder-
kniet und säuselt...

Regieassistent: Darf ich Ihnen behilflich sein?

Der Kameramann meldet Zweifel an, ob die eben gedrehte Szene
auch gelungen sei.

Kameramann: Mit all den Schnipseln, die herumfliegen, ich
weiß nicht...

Regisseur: Mir ist es gut vorgekommen...

Kameramann: Wenn einer davon in die Kamera geraten ist...

Regisseur: Bei der Vorführung werden wir's ja sehen.

Alle stehen nun unterwürfig und diensteifrig um den Regisseur herum.

Scriptgirl: Soll ich's kopieren lassen, Dottore?

Regisseur (off): Ja, laß alles kopieren.

Aufnahmeleiter: Möchten Sie irgend etwas, ein Mineralwasser, ein Bier...

Regisseur: Eine Birne.

Der Aufnahmeleiter dreht sich um und sagt leise zum Sekretär...

Aufnahmeleiter: Er will... Er will eine Birne...

Sekretär: Es ist nur ein Apfel da.

Aufnahmeleiter: Aber...

Sekretär: Einen Pfirsich...

Der Aufnahmeleiter wendet sich wieder zum Regisseur und sagt in zaghaftem, aber schmeichlerischem Ton...

Aufnahmeleiter: Möchten Sie einen schönen, saftigen Pfirsich, wirklich einen...

Doch der Regisseur bleibt unerschütterlich.

Regisseur: Ich will eine Birne.

Aufnahmeleiter: Eine Pflaume, eine...

Regisseur (off): Eine Birne.

Schneiderin: Lauft doch rasch zu Natalino rüber...

Doch der Aufnahmeleiter und der Sekretär laufen bereits keuchend auf das Gros des Trupps zu und rufen...

Aufnahmeleiter und Sekretär: Eine Birne! Eine Birne!

Auch Rubini, der die ganze Szene mit angesehen hat, dreht sich um und ruft laut, ohne zu wissen, an wen er sich wenden soll...

Rubini: Eine Birne! Eine Birne! Eine Birne will er!

Die Braut sitzt auf dem Klappstuhl, während die Schneiderin den Schleier um sie herum ausbreitet, damit er nicht verknittert. Der Regisseur kauert sinnierend, mit orakelhafter Miene vor ihr und reibt sich mit Daumen und Zeigefinger die Nasenwurzel. Mit banger Stimme fragt die Schauspielerin...

Braut: Wie war ich, Dottore? Hab ich's gut gemacht? Sind Sie zufrieden mit mir? Sagen Sie doch! Und die Träne? Hat man die Träne gut gesehen?

Der Regisseur hebt abwehrend die Hand, dann ringt er sich schließlich zu einem Urteil durch.

Regisseur: Es ging, war nicht schlecht.

Er erhebt sich und fragt...

Regisseur: Wo ist der Bräutigam? (brüllt) Wo ist der Bräutigam?!

Der Bräutigam steht dicht hinter ihm.

Bräutigam: Hier bin ich!

Die Braut dringt weiter in den Regisseur...

Braut: Hören Sie doch...

...und bringt ihn dadurch nur noch mehr auf. Unwillig herrscht er sie an...

Regisseur: Bitte! Du Nervensäge!

Die Schauspielerin verzieht ärgerlich das Gesicht. Eine junge Schneiderin versucht sie zu trösten.

Junge Schneiderin: Das ist die Nervosität, Sie wissen doch, wie er ist...

Die Braut flüstert wütend...

Braut: Scheißkerl!

Der Regisseur widmet sich nun dem Darsteller des Bräutigams und macht ihm seine Rolle vor. Rückwärts hüpfend, erklärt er...

Regisseur: Du läufst der Liebe, dem Glück entgegen...

Schauspieler: Jetzt gleich?

Regisseur: Jetzt zeige ich dir, wie du laufen sollst, folge mir...

Rücklings läuft er weiter, die Hände vorm Gesicht, als halte er eine Kamera.

Regisseur: Komm, komm, komm, keine Angst, ich passe auf!

Der Schauspieler hüpft hinter ihm her.

Rubini, der wie angewachsen dasteht, findet den Mut, der Braut zuzuflüstern...

Rubini: Sie waren wunderbar, wirklich...

Die Schauspielerin, die von einem Schwarm von Darstellern, Schneiderinnen und Maskenbildnern umgeben ist, sieht ihn erfreut und dankbar lächelnd an und nickt ihm freundlich zu. Regisseur und Bräutigam hüpfen unterdessen Arm in Arm weiter.

Regisseur: Lächeln, lächeln, lächeln!

Er macht es ihm vor, indem er die Lippen übertrieben auseinanderzieht und die Reihen seiner Zähne zeigt. Dann bleibt er stehen und breitet die Arme aus, während der Schauspieler jede seiner Gesten nachahmt.

Regisseur und Schauspieler: Helga!

Jetzt fordert der Regisseur Braut und Bräutigam auf, einander entgegenzulaufen und in die Arme zu fallen.

Regisseur: Lauft, lauft, umarmt euch!
Im gleißenden Licht der Scheinwerfer stürmen die beiden mit flatternden Gewändern einander entgegen. Doch der Regisseur ist mit ihnen nicht zufrieden und läuft auf sie zu.
Regisseur: Nein, nein! Mehr Schwung! Mehr Leidenschaft! Seht her!
Er wirft sich anstelle der Braut in die Arme des Schauspielers und ruft voller Pathos...
Regisseur: Rolf!
Dann läuft er in die andere Richtung und tut dasselbe mit der Schauspielerin...
Regisseur: Helga!
Und erneut in die Arme des Bräutigams...
Regisseur: Liebste!
Bräutigam: Helga!
Nun steht er zwischen den beiden.
Regisseur: Macht ihr weiter!
Braut und Bräutigam umarmen sich leidenschaftlich.
Brautpaar: Rolf! Helga!
Der Regieassistent schlägt die Klappe
Regieassistent: Zweiundvierzig, Klappe sieben!
Es wird gedreht. Die auf einen Wagen montierte Kamera wird eingeschaltet, während der Regisseur befiehlt...
Regisseur: Runter mit den Blumen! Los!
In diesem Augenblick kommt der Lieferwagen mit den Lunchpaketen. Der Leiter der Komparserie winkt ihn an die richtige Stelle. Er legt die Hände als Schalltrichter an den Mund und brüllt...
Leiter der Komparserie: Das Essen ist da!
Der Regisseur reißt augenblicklich beide Arme hoch, stellt sich mit dem Rücken vor die Kamera und ruft...
Regisseur: Stooop!
Alle laufen mit aufgeregtem Geschrei zum Lieferwagen.
Stimme einer Frau: Nico, willst du auch ein weißes!?
Andere rufen sich gegenseitig beim Namen und lassen sich mit ihren Pappschachteln in der Hand in kleinen Grüppchen irgendwo im Gelände nieder. Auch die Braut eilt mit ihrer Schachtel über den Rasen, gefolgt vom Aufnahmeleiter, der in einer Hand die Brautschleppe, in der anderen einen Stuhl trägt.
Braut: Ah, nett von dir, Faustino, stell ihn mir dort rüber, in die Sonne... Danke.

Rubini ist allein zurückgeblieben, unschlüssig, wohin er sich wenden soll. Die Kamera, die verlassen mitten auf dem Platz steht, zieht seinen Blick an. Verstohlen nähert er sich ihr und lugt unter die schwarze Haube. In diesem Augenblick kommt atemlos eine Frau im blauen Kittel auf ihn zugeeilt und ruft...

>*Schneiderin der Diva:* Ah, junger Mann, seien Sie so gut und holen Sie mir das Lunchpaket für die Signora!
>
>*Rubini:* Für welche Signora?
>
>*Schneiderin:* Für Signora Katja.
>
>*Rubini:* Ah! Ja, ich gehe schon.

Diensteifrig läuft er zum Auto, bahnt sich einen Weg durchs Gedränge und kehrt mit einem Lunchpaket zurück, auf dem eine rote Rose liegt.

>*Schneiderin der Diva:* Danke, wirklich lieb von dir!

Rubini reicht ihr das Paket.

>*Rubini:* Für Katja Davis, nicht wahr?
>
>*Schneiderin der Diva:* Ja, heute geht's ihr besser, sagt sie, es ist vorbei, sie will wieder arbeiten.
>
>*Rubini:* Ich muß sie sehen... Ich bin wegen dem Interview hier.
>
>*Schneiderin:* Weiß sie denn davon?
>
>*Rubini:* Ja, um zwei, hat sie gesagt.
>
>*Schneiderin:* Ah, dann komm doch mit, ich bring dich hin...

Und ohne weitere Umstände macht sie sich auf den Weg, gefolgt von dem jungen Mann.

Der Regisseur steht allein auf dem Rasen, im weißen Anzug, auf dem Kopf den Strohhut und um die Schultern einen schwarzen Mantel. Er macht Gymnastikübungen, Kniebeugen, Rumpfbeugen. Plötzlich krachen ringsum Explosionen und Schüsse, Flugzeugmotoren dröhnen, Granaten pfeifen...

Cinecittà: verschiedene Straßen und Wege. Außen. Tag.

Das Kriegsgetöse kommt aus einem der Gebäude, dem Tonstudio, vor dem einige Techniker in weißen Kitteln auf und ab spazieren. Vor einem der Studios radelt ein von Kopf bis Fuß verbundener Statist vorbei, der wie eine Mumie aussieht. Nur ein Bein ist frei geblieben, mit dem er ins Pedal tritt. Zwei Arbeiter, die mit ihren Lunchpaketen auf dem Gehsteig sitzen, rufen ihm nach...

Arbeiter: He, hast du Streit mit deiner Frau gehabt?

Statt einer Antwort beschränkt sich der vermummte Komparse darauf, den beiden mit einem furzähnlichen Geräusch die Zunge herauszustrecken.

Korridor im Studio. Innen. Tag.

Rubini und die Schneiderin treten in ein Gebäude mit der Aufschrift *Studio 1, 2 und 3.* Während sie den langen Korridor entlanggehen, der nur vom Ende des Ganges her etwas Licht erhält, fragt Rubini schüchtern...

Rubini: Darf ich Ihnen auch ein paar Fragen stellen? Zum Beispiel, was ist in dem Lunchpaket?

Schneiderin der Diva: Lauter gute Sachen! Aber die macht es nicht mal auf, sie schenkt es mir, und ich gebe es meiner Schwägerin.

Rubini: Arbeiten Sie bei der Signora?

Schneiderin der Diva: Ja, ich bin ihre Schneiderin.

Das typische, durchdringende Schnarren, mit dem um Ruhe für die Aufnahmen gebeten wird, schallt durch den Korridor. Zwei, drei Hunde laufen aufgeschreckt davon.

Rubini (ebenfalls leicht erschrocken): Waren Sie auch dabei bei dem Film, in dem sie die Flugzeugpilotin gespielt hat?

Schneiderin der Diva (aus dem Off ins On): Nein, da hatte sie mich gerade rausgeworfen. Aber dann hat sie mich wieder holen lassen. Sie ist nicht bösartig, aber seit sie diesen Typ hat, bildet sie sich ein, sie sei eine Päpstin! Und wie er strammsteht, wenn er sie sieht, mit seinen hohen Stiefeln und dem Federbusch! Oh, ich will aber nichts gesagt haben, ja?

Rubini: Sie können ganz beruhigt sein.

Die große Eisentür zum Studio steht offen, und er blickt neugierig hinein. Die Schneiderin erklärt ihm...

Schneiderin der Diva: Da wird gerade ein Monumentalfilm vorbereitet.

Die gesamte Wandfläche des leeren Studios ist mit einer riesigen Kulisse bedeckt, auf der ein weiter blauer Himmel mit luftigen Wölkchen zu sehen ist.

Rubini (neugierig und ehrfürchtig): Darf ich hineingehen?

Im Studio. Innen. Tag.

Lange Schatten werfend, gehen die beiden langsam ins Studio hinein, begleitet von der Melodie »Sirena del Mare«, die irgend jemand vor sich hinpfeift.

Vor der Kulisse hängen an Seilen zwei Gerüstbretter in unterschiedlicher Höhe von der Decke herab, auf denen zwei Maler sitzen und ohne Hast, in träumerischer Langsamkeit mit langen Pinseln vor sich hinstrichlen, die Farbeimer neben sich. Während sie, begleitet vom leisen Geräusch der Pinsel, gemächlich und gewissenhaft weiterarbeiten, unterhalten sich die beiden...

> *Erster Maler:* Hör mal, Cè...
> *Zweiter Maler:* Was ist?
> *Erster Maler:* Steck's dir in den Arsch.

Dabei lacht er zufrieden vor sich hin. Rubini blickt mit einem belustigten und fragenden Lächeln auf die Schneiderin. Diese deutet auf den Pickel auf Rubinis Nase und rät ihm...

> *Schneiderin der Diva:* Das Ding da, warum tust du nicht etwas eingeweichtes Brot darauf? Dann ist's in einer Nacht weg!

Dabei pafft sie ihre Zigarette.

> *Rubini:* Danke.
> *Schneiderin der Diva:* Keine Ursache!

Wieder ertönt die gepfiffene Melodie von »Sirena di Mare«, bricht jedoch sofort ab, und die Stimme eines der Maler hallt durch die Stille des großen, leeren Studios.

> *Erster Maler:* Hör mal, Cè... mir ist da was eingefallen...

Er legt den Pinsel weg, während sein Kollege vertrauensvoll fragt...

> *Zweiter Maler:* Was denn?
> *Erster Maler:* Warum steckst du's dir nicht in den Arsch?

Und er bricht in heiseres, zufriedenes Gelächter aus. Die Schneiderin geht auf den Ausgang zu und treibt Rubini zur Eile.

> *Schneiderin der Diva:* Junger Mann, jetzt müssen wir aber gehen!

Beinahe widerwillig folgt ihr Rubini, aber auf der Schwelle bleibt er noch einmal stehen, um den Malern zuzuhören.

> *Stimme des ersten Malers:* Du, Cè...
> *Stimme des zweiten Malers* (schnaubend): Uuuhh!
> *Stimme des ersten Malers:* Weißt du, wen ich gestern getroffen habe? Moccoletto. Weißt du, was er zu mir gesagt hat?
> *Stimme des zweiten Malers:* Nein!

Stimme des ersten Malers: Er hat gesagt, du sollst es dir...

Korridor des Studios. Innen. Tag.

Rubini und die Schneiderin sind wieder im Korridor, wo ihnen, die
Treppe herunterpolternd, eine Schar ägyptischer Soldaten mit Hel-
men, Lanzen und Brustschilden begegnet. Auch eine als Nofretete
kostümierte Schauspielerin und einige nubische Krieger und
schwarze Afrikaner sind dabei. Sie schwatzen miteinander über das
kühle Bier, das sie gerade getrunken haben und über irgendwelche
Tagesereignisse. Rubini betrachtet sie neugierig und interessiert,
während sie an ihm vorbeigehen. Drei Putzfrauen, die mit Besen
und Sägemehl den Boden fegen, plaudern miteinander...
   Putzfrau: Und weißt du, was er zu mir gesagt hat? »Tja«, hat er
gesagt, »tja«. »Tja was?« frage ich. Ach du liebe Güte!

Straße in Cinecittà. Außen. Tag.

Vor dem Studio hält ein Militärlastwagen, in dem ein paar deutsche
Soldaten und zwei Badenixen mit Gummihauben auf dem Kopf und
hautengen Schwimmanzügen sitzen. Sie steigen fröhlich plaudernd
aus und schlendern zu einer Guillotine, um die als »Sanscullotten«
kostümierte Komparsen sitzen und ihr Mittagessen verzehren.
Ein SS-Offizier tritt mit einer Plastiktüte in der Hand auf die
Gruppe zu und sagt...
   SS-Offizier: Ich hab nur Obst genommen, für dich auch!
   Sansculotte: Mandarinen?
   SS-Offizier: Mandarinen gib's doch jetzt gar nicht!
Der SS-Mann spielt mit dem Gummischädel eines »Hingerichte-
ten«, den er in den Händen hin und her rollt.
   Ein Sanculotte: Sieht ganz echt aus! Zum Fürchten!
Ein als Hl. Petrus verkleideter Komparse fragt mit johlendem
Gelächter...
   Hl. Petrus (zur Schneiderin): Geht ihr die Eier holen? Ich
komme auch mit!
Die Schneiderin geht hinter Petrus her und sagt dabei erklärend zu
Rubini...
   Schneiderin der Diva: Ein Bauer hier in der Nähe hat sich in die

Signora verliebt und schenkt ihr jeden Tag ein Ei. Sie nimmt nichts anderes zu sich, nur diese Eier...
Vergnügt lachend geht sie weiter. Rubini folgt ihr.

Umgebung von Cinecittà. Außen. Tag.

Durch eine Lücke in einem alten Gemäuer inmitten der Felder reicht ein Bauer mit einem großen Hut auf dem Kopf der Schneiderin ein Ei.

Bauer (im Dialekt des Latium): Eine Hitze ist das...
Schneiderin der Diva: Die Signora schickt dir ein Küßchen..
Bauer: Hier, das Ei...
Die Schneiderin nimmt das Ei und legt es ins Lunchpaket.
Schneiderin der Diva: Danke...
Bauer: Die Signora gefällt mir so...
Rubini, Petrus und die Schneiderin lachen amüsiert.
Schneiderin der Diva: Hört ihn euch an!
Bauer: Ja, ja... Laßt mich doch mal zu ihr!

Wiese in Cinecittà. Außen. Tag.

Auf einer verdorrten Wiese steht dicht an einem alten Filmstudio ein schäbiger Wohnwagen, von dem der rosa Lack abblättert. Mit Rubini im Schlepptau tritt die Schneiderin an die Tür des Wohnwagens und klopft.

Aufnahmeleiter (von innen): Wer ist da?
Schneiderin der Diva: Ich bin's. Ich bring das Essen...
Sie steigt die Stufen hinauf, tritt durch die kleine Tür und fordert Sergio Rubini auf, ihr zu folgen.
Schneiderin der Diva: Kommen Sie herein!
Die Tür wird sofort wieder geschlossen.

Filmstudio. Innen. Tag.

Im Hintergrund des Studios ist eine halbfertige Holzkonstruktion zu sehen, die in Form und Größe dem Wohnwagen ähnelt, den wir gerade gesehen haben. Ringsum herrscht rege Geschäftigkeit; an der

Werkbank hantieren Dekorateure mit Elektrosägen; Fellini sitzt im Kreis seines Teams auf dem Segeltuchstuhl und diktiert Fiammetta, während er wieder einmal von Chiodo belästigt wird.

Chiodo: Dottore, haben Sie auch an Chiodo gedacht?

Fellini: Chiodo, wir sind hier in den vierziger Jahren!

Chiodo: Und in den vierziger Jahren kann ich nicht mitmachen?

Fellini: Nein, kannst du nicht!

Chiodo: Wann denn dann?

Fellini: Weiß ich nicht! Wenn der Film wieder im Jahr 86 ist.

Chiodo: Und wann ist er wieder im Jahr 86?

Während ein Dekorateur mit einem großen Korb falscher Blumen vorbeigeht...

Fellini (aufgebracht): Weiß ich nicht!

Fiammetta, die Sekretärin, geht neben Fellinis Stuhl in die Hocke und fragt...

Fiammetta: Federico, sollen wir von der Beschreibung, die du im Auto gemacht hast, eine Kopie in die Villa *Medici* schicken?

Auch Maurizio meldet sich zu Wort – höflich, aber ohne Beachtung zu finden.

Maurizio: Fellini, sie sind da...

Er kniet sich ebenfalls neben dem Stuhl des Regisseurs auf den Boden.

Fiammetta (zu Fellini): Da ist Maurizio...

Fellini wendet sich ihm zu.

Maurizio: ...die beiden, die wir im Konservatorium gesehen haben, sind gekommen, erinnern Sie sich?

Fellini: Ah ja, danke.

Neben Maurizio stehen respektvoll zwei hübsche Knaben und warten darauf, daß Fellini sich ihnen zuwendet.

Fellini (off): Habt ihr Kafkas »Amerika« gelesen?

Erster Knabe (lachend): O nein!

Zweiter Knabe: Nein...

Fellini: Tja, wenn alles gut geht, werdet ihr es lesen müssen... Geht mit Maurizio. Also, auf Wiedersehen! Ciao, ciao... Alles Gute.

Mit einem Händedruck verabschiedet er die beiden.

Dann wendet er sich zur Kamera der Japaner und damit zugleich ans Publikum und sagt im Tonfall des Berichterstatters...

Fellini: Gerade eben haben wir gesehen, wie unser junger Reporter den Wohnwagen betreten hat...

Er deutet auf die Konstruktion im Hintergrund des Studios.

Fellini: ...wo er nun mutterseelenallein auf die Diva wartet, die ihm so den Kopf verdreht hat. Rubini, hörst du mich?

Stimme Rubinis (aus dem nachgebauten Wohnwagen): Ja, ich höre Sie!

Fellini: Wie geht's?

Stimme von Rubini: Gut. Ich bin aber gar nicht allein hier drinnen.

Im Wohnwagen der Diva. Innen. Tag.

Das Innere des Wohnwagens gleicht einer mit rosafarbenem Atlas ausgekleideten Bonbonnière voller Blumen und beleuchteter Spiegel; Photographien der Diva an den Wänden und auf dem weißlakkierten Klavier. Im Hintergrund Schallplattenmusik mit einer Frauenstimme, die »A mezzanotte va la ronda del piacere« singt. Zwei schmächtige Herren, ein älterer und ein jüngerer, die als englische Kolonialoffiziere gekleidet sind, fläzen sich auf einem Kanapee und plaudern im anzüglichen Ton alter Schwerenöter über das Buch, das sie vor sich liegen haben.

Erster Offizier: Was, sagst du, macht die Wildsau?

Zweiter Offizier: Aber nein, das war was anderes! Hier steht: wenn der »lingam« rotierend im Kreis bewegt wird... so nennt man das »buttern«...

Erster Offizier (grinsend): Ich bin ständig am Buttern...

Zweiter Offizier: Guten Tag!

Er hat Rubini bemerkt, der an der Tür lehnt, durch die er hereingekommen ist, und den beiden zuhört. Den Offizier scheint dies aber nicht weiter zu kümmern, denn er blickt sogleich wieder in das Buch, das er nun in der Hand hält.

Zweiter Offizier: Und da... sieh dir das an: wenn der »lingam«... (zu Rubini, wie um sich zu rechtfertigen) Ah, gestern waren Sie aber nicht hier, Sie haben die Lektion versäumt...

Auch der erste Offizier wendet sich nun in herablassend-freundlichem Ton zu Rubini.

Erster Offizier: Schon mal was von Kamasutra gehört? In Indien nennt man den Freund nämlich »lingam«, und das Ding, wie nennen die das...? Ich hab's vergessen.

Die Antwort kommt von einer weiblichen Stimme durch eine Tür aus Mattglas, die wohl zum Bad führt, denn hinter der Glasscheibe ist die Silhouette einer sich nackt unter der Dusche räkelnden Frauengestalt zu erkennen.

Stimme der Diva: »Yoni!«

Offiziere: Bravo!

Rubini ist völlig durcheinander. Er schluckt, den Blick starr auf die Glasscheibe gerichtet. Der als Offizier gekleidete Komparse fährt fort...

Zweiter Offizier: Wenn der »lingam« also in die »Yoni« eingeführt und auf und ab bewegt wird, auf und ab, auf...

Erster Offizier (drängend): Na? Na?

Zweiter Offizier: ...und ab, immer schneller und immer wieder, und vor allem, ohne ihn herauszuziehen, dann... dann...

Erster Offizier (kichernd): Na, sag's schon!

Zweiter Offizier: Was dann? (mit lüsternem Lachen) Dann ist das das Flattern des Spatzen!!!

Erster Offizier (höhnisch lachend): Ist? War!

Die Friseuse der Diva, die mit der Schneiderin neben dem Frisiertisch sitzt, bricht in erregtes Gelächter aus.

Friseuse der Diva: Flattern des Spatzen!!!

Rubini kann die Augen nicht von der Silhouette der nackten Schauspielerin hinter der Glasscheibe abwenden.

Rubini: Ein schönes Bild, tatsächlich...

Hinter der Badezimmertür fragt die Diva besorgt...

Diva: Wer ist das? Wen habt ihr hereingelassen?

Die Schneiderin, die mit dem Lunchpaket auf den Knien dasitzt, antwortet...

Schneiderin der Diva: Den Reporter, Signora, den Sie für heute mittag...

In unverkennbar neapolitanischem Dialekt ruft die Diva tadelnd...

Diva: Und vor einem Fremden, vor einem Journalisten, sagt ihr all diese Schweinereien, ich bitte euch...

Die beiden »Offiziere« suchen sich zu rechtfertigen.

Zweiter Offizier: Aber Katja, das ist ein heiliges Buch...

Erster Offizier: Zehntausend Jahre alt!

Zweiter Offizier: Gehobene Erotik mit religiösem Hintergrund...

Ein Flügel des Paravents wird zurückgeklappt, und in einer

Dampfwolke tritt die Diva aus dem Badezimmer, sofort umhüllt vom Bademantel, den die Sekretärin bereithält.

Diva (klagend): Oh, die reinste Folterkammer ist das, einmal eiskalt, einmal kochendheiß! Wann laßt ihr das endlich reparieren!

Sie tritt wieder hinter die spanische Wand zurück, während die Sekretärin gleichmütig erklärt...

Sekretärin der Diva: Ich habe der Produktion schon Bescheid gesagt, aber die stellen sich taub...

Dann wendet sie sich spaßhaft drohend an einen der Offiziere.

Sekretärin der Diva: Was ich von dir wieder gehört habe...

Erster Offizier: Posaune es nur aus, worauf wartest du noch?

Rubini blickt in die Ecke mit der spanischen Wand, hinter der ein Fuß der Diva hervorschaut, der gerade in ein flauschiges Pantöffelchen schlüpft...

Der Maskenbildner, ein schnieker blonder Typ ganz in Weiß, mit Seidentuch um den Hals und überaus gepflegtem Schnurrbärtchen, wendet sich in mild enttäuschtem Ton an den jungen Reporter.

Maskenbildner: Das »Filmmagazin« lese ich immer. Aber eins muß ich euch vorwerfen: ich habe zwei Gedichte an euch geschickt, und ihr habt sie nicht veröffentlicht, nein, nein...

Immer aufgeregter zupft Rubini am Tüchlein in seiner Brusttasche; streicht sich das Haar aus der Stirn. Und nun tritt hinter einem rosaroten Vorhang die Diva hervor, im durchsichtigen Seidennegligé, eine rosa Federboa lässig über die Schulter geworfen und das schwarze Haar straff zurückgekämmt, um das Oval ihres strahlend schönen, sinnlichen Gesichts zu betonen.

Rubini (aufgeregt): Guten Tag, Signora!

Die Diva lächelt wohlgefällig.

Diva: Ist euch nicht zu warm? (dann unvermittelt zur Schneiderin) Das Ei!

Sie greift nach dem Ei und fordert ungeduldig...

Diva: Die Nadel!

Auch diese wird ihr unverzüglich gereicht. Mit einer raschen, entschlossenen Bewegung sticht sie das Ei an beiden Enden an. Dann führt sie es an die Lippen, legt den Kopf in den Nacken und schlürft es geräuschvoll aus.

Diva (zu Rubini): Möchten Sie kosten? Das ist mein ganzes Mittagessen...

Rubini wehrt ab.

Rubini: Nein, nein, danke...

Diva: Ah, hören Sie zu, ich glaube nicht an Interviews. Sehen Sie sich doch die Garbo an, wann läßt die sich schon interviewen...

Sie tritt vor einen großen Korb voller Rosen, zieht ein Kärtchen daraus hervor, wirft einen zerstreuten Blick darauf und sagt mit gnädigem Lächeln...

Diva: Topino...

Sie wirft das Kärtchen zwischen die Blumen zurück und nähert sich dem Sessel vor dem von kleinen Glühbirnen umrahmten Spiegel.

Diva: Andererseits muß man einem Anfänger natürlich eine Chance geben, sonst kommt er nie auf einen grünen Zweig, wie man bei uns sagt... Aber nur unter einer Bedingung: ich will Francesca, meine Sekretärin dabei haben.

Da ist Francesca auch schon, im eleganten Hosenanzug, mit glatt zurückgekämmtem und zu einem Knoten geschlungenem Haar.

Rubini: Ah, gut, selbstverständlich...

Diva: Sie hat mich schon so oft mit euch Journalisten plaudern hören, und wenn mir eine schöne Antwort, die ich irgendwann schon mal gegeben habe, nicht einfällt, dann hilft sie uns, sie merkt sich alles...

In seiner höflichen und schüchternen Art tritt Rubini näher, setzt sich neben die Sekretärin aufs Kanapee und himmelt die Diva an, die sich nun, hingegossen auf den Sessel, den Händen des Maskenbildners überläßt. Aus halbgeschlossenen Augen mustert sie den ihr gegenüber sitzenden Journalisten und sagt in schmachtendem Ton...

Diva: Ein süßer Bengel, der Herr Journalist...

Bebend vor Aufregung eröffnet Rubini das Interview.

Rubini: Ich hatte vor, am Anfang meines Artikels zu erzählen, wie Sie da drüben im Bad mitten in all dem Dampf stehen und ich mir vorstelle, Sie wären eine Venus von Tiepolo... kennen Sie Tiepolo?

Diva: Wenn ich alle kennen müßte...

Sie lächelt nachsichtig, während der Maskenbildner ihren Gedanken zu Ende führt...

Maskenbildner: ...dann wären wir schön bedient!

Die Diva schwenkt ihren Drehstuhl herum und fragt...

Diva: Glauben Sie an Träume? Heute nacht hab ich einen gehabt... den kann ich gar nicht erzählen... Wie dumm von mir!

Mit einem Augenaufschlag verschränkt sie die Arme hinter dem Kopf, so daß der Federbesatz der Ärmel ihr Gesicht umrahmt.

Rubini (ein wenig atemlos): Vorhin sagten Sie, daß Sie Interviews nicht mögen. Das kann ich gut verstehen, denn wissen Sie, mir selbst ist es auch sehr unangenehm, Sie so auszufragen... Eine Frage jedoch möchte ich Ihnen gern stellen... wie... wie machen Sie es nur, so schön zu sein... Glauben Sie mir, ich bin ganz geblendet!

Diva (mit geheucheltem Zweifel): Schön! Darin seid ihr euch aber durchaus nicht einig, denn ein Kritiker hat zum Beispiel geschrieben, ich sähe aus wie ein Mann... vielleicht wäre ich ihm so lieber...

Wieder schwenkt sie unter dem verzückten Blick des jungen Mannes ihren Sessel herum und fährt fort...

Diva: Meine Großmutter, ja, die war eine Schönheit! Ich habe jetzt kein Photo von ihr da, aber sie war mein genaues Ebenbild!

Sich auf ihrem Sessel drehend, hebt sie die Beine und streckt dem immer verwirrteren Rubini ihre in Pantoffeln mit Federbesatz steckenden Füße vors Gesicht.

Diva: Sehen Sie, wenn eine Filmschauspielerin begabt ist, braucht sie nicht unbedingt schön zu sein; wenn nun aber eine das Glück hat, beides zugleich zu sein... was soll daran schlecht sein?

Während sie spricht, hört man die Sekretärin leise zu Rubini sagen...

Sekretärin der Diva: Geben Sie mir doch mal das Lunchpaket rüber, sie ißt ja doch nichts...

Sie nimmt dem jungen Mann die Schachtel aus der Hand und fällt mit systematischer Gefräßigkeit darüber her.

Rubini: Und wie ist Ihnen Ihre Neigung bewußt geworden? Wann kam Ihnen zum ersten Mal der Gedanke, daß Sie Ihr Leben als Schauspielerin verbringen würden?

Diva: Ach, schon als Kind sagten mir alle, wie hübsch ich sei, daß ich wie ein Engelchen aussähe, Sie wissen ja, wie das so ist...

Die Sekretärin bietet Rubini etwas aus dem Lunchpaket an, das sie schon halb geplündert hat; doch er schüttelt lächelnd den Kopf.

Rubini: Nein, nein, danke.

Sekretärin der Diva: Bei Prozessionen hat man sie immer als Engel verkleidet!

Rubini: Das kann ich mir vorstellen...

Diva und Sekretärin (gleichzeitig): Aber ohne Begabung ist nichts zu machen...

Rubini: So ist es.

Sekretärin (zur Diva): Iß doch wenigstens das da...

Sie hält ihr ein Törtchen hin, das die Diva empört zurückweist.

Diva: Bist du verrückt geworden?

Rubini fährt mit seinem Interview fort.

Rubini: Wer weiß, wieviele Männer in diesem Augenblick gern an meiner Seite wären.

Diva: Meinen Sie?

Rubini: O ja, ich bin wahrhaftig ein Glückspilz.

In schulmeisterlichem Ton schaltet sich der Maskenbildner ein.

Maskenbildner: Lassen Sie sich eins gesagt sein, junger Mann: das ganze Geheimnis liegt in den Augen! Sie können die herrlichste Yoni der Welt vor sich haben – entschuldige, meine Liebe – aber wenn die Augen nicht richtig geschminkt sind, dann gute Nacht! Schreib das ruhig! Bei einer Detailaufnahme... (zur Diva) mach die Augen zu! (wieder zu Rubini) also... (zur Diva) Augen zu, habe ich gesagt! ...bei einer Detailaufnahme, wie gesagt, da mußt du das Gefühl haben, daß du in ihren Augen versinkst, ja, schreib das nur, und schreib auch, daß ich schon seit fünf Uhr hier bin, und sie auch!

Mit dem Pinsel in der Hand widmet er sich, einem erleuchteten Maler gleich, weiter dem Gesicht der Diva.

Rubini (betroffen): Ein Leben voller Opfer also...

Diva (ernst und schmerzlich): So verlangt es die Kunst.

Rubini: Entschuldigen Sie, darf ich Ihnen eine letzte Frage stellen? Was tun Sie, wenn Sie gerade nicht drehen, Signora?

Die Sekretärin mischt sich mit vollem Mund ins Gespräch ein.

Sekretärin: Eine Schauspielerin lebt immer in ihren Rollen!

Und die Diva setzt im bitteren Bewußtsein dieser Tatsache hinzu...

Diva: Es ist wie ein Gefängnis...

Rubini: Und daraus befreien Sie sich niemals?

Lange Kunstpause seitens der Diva, dann...

Diva: Kommt darauf an...

Die beiden als englische Kolonialoffiziere gekleideten Komparsen, die neben ihr auf dem Divan sitzen, fallen sich prustend vor Lachen in die Arme.

Offiziere: Kommt auf den neuen »lingam« an!

Die Schneiderin, die am Fenster des Wohnwagens steht, verkündet..

Schneiderin der Diva: Da kommen sie mit dem Kostüm!

Rubini springt auf.

Rubini: Ah, das Kostüm der Maharani...

Diva (abschließend): Also dann...

Rubini läuft aufgeregt und neugierig an das kleine Fenster.

Rubini: Erlauben Sie? Entschuldigung...

Doch die Schneiderin wird energisch.

Schneiderin der Diva: Und jetzt tut mir bitte den Gefallen und geht alle hinaus! Die Signora muß sich umziehen! Weg da, hinaus mit euch! (zu Rubini) Sie auch, junger Mann, machen Sie doch einen kleinen Spaziergang! Danke.

Maskenbildner (enttäuscht): Wie schade, ich hätte Sie ihnen so gerne mit offenem Haar gezeigt.

In herrischem Ton ruft die Sekretärin Rubini noch einmal zurück.

Sekretärin der Diva: He Sie, hören Sie mal, entschuldigen Sie, aber die Signora ist es gewohnt, das Interview zu lesen, bevor es in Satz geht!

Rubini: Gewiß doch.

Diva: Noch etwas! Sie schreiben nur das, was ich gesagt habe, wortwörtlich, verstanden?

Sie blickt ihn betörend an, während der Maskenbildner ihr Augen-Make-up vollendet. Dann führt sie ihre rotlackierten Fingernägel an die leuchtendrot geschminkten Lippen und wirft dem jungen Journalisten einen schmachtenden Abschiedskuß zu.

Korridor im Filmstudio. Innen. Tag.

Auf einer Bank sitzen Komparsen in exotischen Kostümen. (*Exotische Musik*)

Vom Eingang her rollen Arbeiter einen breiten Teppich aus. Es herrscht eine aufgeregte, fieberhafte Stimmung: Zu den Klängen der berühmten Melodie »In a Persian Market« hält die Diva Einzug, mitsamt ihrem Gefolge von Friseuren, Maskenbildnern und jungen Schneiderinnen, welche die schillernde, mindestens zehn Meter lange Schleppe ihres Prachtkostüms tragen. Mit einem breiten funkelnden Diadem auf dem Kopf und goldbesticktem Mieder schreitet die Diva wie eine Königin durch den Korridor.

Rubini sitzt starr vor Staunen unter dem Schild, auf dem in großen Leuchtbuchstaben SILENZIO geschrieben steht, und blickt auf die juwelengeschmückte Diva, die an ihm vorübergeht und ihn dabei mit ihrer Schleppe streift.

Filmstudio. Innen. Taghelles Scheinwerferlicht.

Die Diva tritt ins Studio, in dem ein riesiger Elefant mit angewinkelten Beinen am Boden hockt, auf dem Rücken einen weiß-goldenen Baldachin. Im Studio, das von den an hohen Scheinwerferbrücken hängenden Lampen taghell erleuchtet ist, ist die stimmungsvolle Szenerie einer indischen Landschaft mit kleinen Wäldchen, Tempeln und Pagoden aufgebaut worden. Mit ihrem Hofstaat schreitet die Diva nun quer über den ganzen Set. Auch Rubini ist ins Studio getreten. Er schiebt einen großen Vorhang zur Seite und geht neugierig und fasziniert weiter.

Schrille Pfiffe, Musik, an hohen »Giraffen« hängende Mikrophone, Bühnenarbeiter mit Rauchmaschinen, die den Raum mit weißen, Hustenreiz hervorrufenden Rauchwolken erfüllen... Auf einer Bank, neben einigen Darstellern, sitzt der Produzent, ein hochgewachsener, distinguierter weißhaariger Herr mit Sonnenbrille und elegantem Tropenanzug. Er hustet in all dem Qualm, und als er Rubini erblickt, der ein wenig verloren herumsteht, ruft er ihn zu sich. Sein Tonfall verrät die lombardische Herkunft.

Produzent: Komm mal her, Junge!

Rubini: Meinen Sie mich?

Produzent: Ja! Komm her!

Um nicht zu stören, sprechen beide mit gedämpfter Stimme. Rubini geht auf den Produzenten zu.

Der Produzent deutet auf einen Mann neben sich, der ihm den Rücken zuwendet.

Produzent: Dieser Halunke da behauptet, Sie seien Journalist; ist das wahr?

Rubini: Äh... ja...

Produzent: Haben Sie sich ein wenig umgesehen? Wissen Sie, was mich der ganze Laden hier kostet? Vier große Häuser hätte ich davon bauen können, und allein die Mieten hätten mir ein Vermögen eingebracht! Aber soll ich dir die Wahrheit sagen? Beim Film macht's mir mehr Spaß!

Der Mann neben dem Produzenten (der Produktionsleiter) hat sich inzwischen untertänig zu Füßen des reichen Mäzens niedergekniet.

Produktionsleiter: Aber verehrter Commendatore, es ist uns doch gelungen, gut die Hälfte einzusparen...

Der Produzent nimmt die Sonnenbrille ab und grinst vergnügt.

Produzent: Sag mal ehrlich, junger Mann, hast du je eine gaunerischere Gaunervisage gesehen als die meines Produktionsleiters?

Der Produktionsleiter, ein beleibter Herr mit fleischigen Wangen und einer dunklen Brille vor den verschmitzt dreinblickenden Augen, nimmt die schmähenden Worte seines Chefs als Kompliment, auch wenn er sich scheinbar dagegen verwahrt...

Produktionsleiter: Aber Commendatore, warum machen Sie mich so schlecht...

Produzent: Aber nein, ganz im Gegenteil, ich schätze dich sehr! Ein Gauner mit Gaunergesicht ist doch im Grunde genommen ein ehrlicher Mensch. Weil er einem nichts vormacht, nicht wahr?

Er lacht jovial, in der typischen Art des generösen, extrovertierten Mailänders.

Hinter Rubini, der die ganze Zeit interessiert zugehört hat, sind die beiden Komparsen aufgetaucht, die wir im Wohnwagen gesehen haben. Der eine ist immer noch als Kolonialoffizier gekleidet, während der andere nun das karierte Röckchen eines schottischen Unteroffiziers trägt. Der Produzent lacht Tränen, als er die beiden erblickt.

Produzent (auf einen von ihnen deutend): Der Kerl ist ja zum Totlachen! Wenn ich so ein Gesicht hätte... sieh dir das an, was für eine herrlich dumme Visage! Der Regisseur behauptet, er sei ein Trottel, aber ich finde ihn gut...

Plötzlich hallt ein gewaltiger, durch das Megaphon noch verstärkter Schrei durch das Studio.

Stimme des Regisseurs: Blöde Gaaaaans!!! Für wen hältst du dich eigentlich!!! Seit drei Stunden warten wir hier alle auf dich!!!

Das Donnergebrüll kommt vom obersten Ende eines Kranarms, der in der Höhe der Scheinwerferbrücke schwebt, von der Bündel weißen Lichts auf den Set fallen. Von unten nicht zu sehen, sitzt dort oben im gleißenden Licht der Regisseur und wettert gegen die zu spät gekommene Schauspielerin. Diese – voll und ganz damit beschäftigt, sich vor einem Handspiegel das Make-up auffrischen zu lassen – heuchelt erhabene Gleichgültigkeit gegenüber den Schmähungen des Regisseurs.

Diva: Wer hört schon auf diesen Pimpf, diesen ungehobelten Ignoranten... (reißt dem Maskenbildner den Spiegel aus der Hand) Gib den Spiegel her, so kann ich mich nicht sehen!

Der Regisseur brüllt und zetert mit unvermindertem Groll weiter.

Regisseur: Du und dieses Arschloch, das dir all die Millionen nachschmeißt!!!

Der Produzent, der immer noch auf der Bank sitzt, lacht über diese Äußerung nur und meint...

Produzent: Au weh, das gilt mir!

Der Kolonialoffizier wiegelt liebedienerisch ab...

Kolonialoffizier: Nein, nein, das galt doch nicht Ihnen...

Produzent: Haben Sie gehört, wieviele Arschlöcher es da gehagelt hat? Genug für alle, auch für Sie, obwohl Sie nur rein zufällig hier sind...

Er lacht noch immer, wenn auch weniger überzeugt; dann meint er nachdenklich...

Produzent: Armes Italien... Ach ja, man hat's nicht leicht! (dann in leicht indigniertem Ton) Nichts als Arschlöcher hier in Rom? Alles Arschlöcher? Herrje, da sind wir in Mailand doch ein bißchen netter!

Im Rhythmus der orientalischen Musik ihre Hüften schwenkend, treten nun die Bajaderen auf, in roten Miedern und Tüllröcken, durch welche die Beine zu sehen sind. Alles ist in dichte Weihrauchschwaden gehüllt. Wir hören die Stimme der Choreographin, die während der ganzen Szene Anweisungen gibt.

Choreographin (off): Und Hüften schwenken, Hüften schwenken, weiter so! Die Röcke fassen, und hoch damit und stooooop!

Der Produzent steht auf, hängt sich bei Rubini ein und beginnt mit ihm herumzuspazieren.

Produzent: Hören Sie, seien Sie so nett und schreiben Sie lieber nichts über diese Ausfälligkeiten; jeder Künstler hat seine Launen, aber der hier geht ein bißchen zu weit.

Sie gehen am hohlen Bauch des Pappmaché-Elefanten vorbei, in dem einige Arbeiter auf Bänken an einem Tisch sitzen und essen. Der Produzent begrüßt einen von ihnen.

Produzent: Guten Appetit, Pierone!

Dieser dreht sich mit dem Teller in der Hand herum.

Arbeiter: Möchten Sie probieren, Commendatore?

Produzent: Nein, nein, iß nur, iß und trink auf mein Wohl!

Mittlerweile sind die beiden durch den ganzen vorderen Teil des Sets geschlendert, wo die Aufnahmen gemacht werden, und der Produzent kann nicht umhin, anerkennend auszurufen...

Produzent: Ein prächtiger Anblick, nicht wahr?! Was meinen Sie, sieht es in Indien wirklich so aus?

Die Tempeltänzerinnen tanzen vor dem Hintergrund der großen Paläste am Ganges mit ihren Kuppeln und Türmen; sogar ein kleiner See ist da, in dem sich der Thron des Maharadschas spiegelt, umgeben von Eunuchen und Bajaderen. Der Maharadscha – rund wie eine Montgolfiere, mit krausem Schnurrbart, Turban, Pluderhosen und einem mit Juwelen besetztem Umhang – wirft dem Produzenten ein Kußhändchen zu, und dieser erklärt dem Journalisten lachend...

Produzent: Der spielt den Maharadscha! Kommt aus Campobasso. Sie glauben nicht, was er für eine Stimme hat; wenn er zu singen anfängt, kriegt man eine Gänsehaut!

Unter den unablässigen Zurufen der Choreographin tanzen die Odalisken nun im seichten Wasser des kleinen Sees und wiegen sich vor dem Maharadscha verführerisch in den Hüften. Der Produzent, Rubini und der Produktionsleiter verweilen vor dem prunkvollen Thron, der vor einem riesigen Wappen mit dem Konterfei des fetten indischen Prinzen steht.

Während der Dekorateur alles in dichten Rauch hüllt, beugt sich der immer noch zornige Regisseur von der Kameraplattform herab, schwenkt das Megaphon und brüllt...

Regisseur: Worauf warten wir jetzt noch? Sollen wir wieder zwei Stunden verlieren, nur um ihr diese Salatschüssel aufzusetzen?

Damit meint er den funkelnden Kopfschmuck, den man der Diva gerade auf den Kopf zu stülpen versucht.

Regisseur: Na, Schätzchen, deinen Text weißt du doch wenigstens?

Die Diva zuckt verächtlich mit den Schultern und ruft mit Zornestränen in den Augen...

Diva: Text! Diesen Quatsch?! Natürlich weiß ich den! Der dort oben ist's, der nicht weiß, daß er heute zum letzten Mal den Herrgott spielt! Ein Wort von mir am richtigen Ort, und er wird in die Wüste geschickt...!

Der Maskenbildner tupft ihr fürsorglich die Tränen von den Augen und versucht sie mit leiser Stimme zu trösten.

Maskenbildner: Weißt du denn nicht, warum der so brüllt? Er ist in dich verliebt!

Doch die Diva schnieft wie ein Kind durch die Nase und sagt rachedurstig...

Diva: Er will es ja nicht anders...

Maskenbildner: Wie ist es nur möglich, daß du nichts davon gemerkt hast?! Der ist verliebt bis über beide Ohren!

Diva: Ach geh! Er widert mich an, dieser schwule Mickerling!

Maskenbildner: Er ist genauso verrückt nach dir wie alle anderen!

Der Regisseur zetert weiter...

Regisseur: Die Odaliske da unten soll singen! Singen!

Die Angesprochene, eine vollbusige Brünette, beginnt zu singen, während Rubini sie gierig anstarrt.

Wieder ertönt die zornige Stimme von oben...

Regisseur: Und du, mein Schatz, laß dir von diesen beiden Trotteln die Hände küssen! Und was ist mit dem Maharadscha, weiß er, was er zu sagen hat?

Maharadscha: Dottore, das ist eine Beleidigung! Soll ich singen?

Regisseur: Jaaaaa!!!

Maharadscha (beginnt unverzüglich zu singen): Hundert goldene Kuppeln...

Er fächelt sich mit einem Federfächer, während Sklaven einen riesigen Luftwedel über seinem Kopf hin und her schwenken. Die Szene wird in allen Einzelheiten geprobt: die Offiziere umschwänzeln die Diva, die wie eine Göttin unter einem goldenen Sonnenschirm thront, machen ihr ihre Aufwartung, küssen ihr die Hand. Doch der Regisseur ist nicht zufrieden und findet an allem etwas auszusetzen.

Regisseur: Was ist das für ein Handkuß? Schöne Kavaliere seid ihr! Schämt euch! Eine Schande ist das, eine Schmach!

Ein dicker, als indischer Diener kostümierter Komparse, der neben dem Bauch des Elefanten am Fuß der Treppe zum Baldachin sitzt, meint zufrieden...

Diener: Mir kann es nur recht sein, wenn er so herumbrüllt; je mehr er brüllt, desto weniger arbeitet er, und so sind wir morgen immer noch hier.

Doch allmählich beruhigt sich der Regisseur. Seine Befehle werden wieder klar und sachlich.

> *Regisseur:* Und jetzt die Bajaderen! Vorwärts! Fangt an zu tanzen! Im Takt! Katja, du bist dran; los, steig ins Wasser; jetzt sag deinen Text, na wird's bald!

Die Diva verbeugt sich vor dem Prinzenthron und deklamiert...

> *Diva:* Ich neige mein Haupt vor dem Ruhm Eurer Hoheit, Maharadscha, Glanz von Dergalesh. Nehmt meine treue und glühende Hingabe gnädig entgegen!

Erfreut neigt der Maharadscha das mit einem goldenen Turban bedeckte Haupt und bedenkt die Diva mit einem langen, lasziven Blick.

> *Regisseur* (aus dem Off): Und nun steigt die schöne Katja die Stufen hinauf, bückt sich und tritt unter den Baldachin!
>
> *Katja:* Aber dann sieht man meinen Hintern!
>
> *Regisseur:* Aber sicher! Wird ja nicht das erste Mal sein, daß du ihn zeigst!

Mit unwilligem Schnauben gehorcht Katja dem Befehl des Regisseurs.

> *Regisseur:* Wie eine Tigerin, langsam und geschmeidig... Mit dem Hintern wackeln, Katja!

Der Maharadscha singt sein betörendes Lied. Katja steigt die Stufen hinauf, während der Elefant im Takt der Musik seinen langen Rüssel auf und nieder schwenkt. Nun ist Katja fast oben angelangt, aber der Regisseur ist immer noch unzufrieden mit ihr.

> *Regisseur:* Du sollst mit dem Hintern wackeln! Beweg ihn ein bißchen! Wozu laß ich dich sonst da hinaufsteigen!

Katja ist am Baldachin angelangt, doch statt hineinzugehen, setzt sie sich schmollend, mit finsterer, abweisender Miene davor. Der Regisseur platzt fast vor Wut.

> *Regisseur:* Was ist? Was ist los? Was hast du? (zum Regieassistenten) Sei so gut, geh zu dieser Nervensäge hinauf und frage sie, was sie jetzt schon wieder hat!

Der Produzent steht, die Hände in den Taschen, ungerührt auf seinem Platz, neben sich den verdatterten Rubini. Der Regieassistent ist zur Diva hinaufgeklettert.

> *Regisseur:* Was sagt sie? Was ist passiert?

Der Regieassistent steht am Baldachin auf dem Rücken des Elefanten. Von dort aus ruft er zu der lichtüberfluteten Plattform des Regisseurs hinauf...

Regieassistent: Sie fühlt sich nicht wohl...
...während die Diva jammert...
Diva: Madonna, dieses Kopfweh!
Doch der Regisseur kennt kein Erbarmen.
Regisseur: Dann gehen Sie abends doch früher ins Bett, anstatt...
Der Regieassistent schlägt Alarm.
Regieassistent: Die Schminke ist ganz zerlaufen...
Regisseur: Dann rufe den Maskenbildner! Aurelio, Aurelio! Geh mal nachsehen, was dort oben los ist!
Der Regieassistent steigt hinab, und der Maskenbildner klettert eilends die Treppe hinauf, um das Make-up der Diva aufzufrischen.
Regisseur: Üben wir unterdessen den Gruß der Elefanten: wenn ich »Rüssel« sage, geht ihr mit den Rüsseln hoch! Fertig!
Der Produzent setzt sich auf einen der Segeltuchsessel, während der Regisseur skandiert...
Regisseur: Rüs-sel! Eins, zwei...
Die in Reih und Glied stehenden Pappmaché-Elefanten heben die Rüssel; ein Rüssel jedoch bricht ab und fällt hinunter. Der Produzent blickt fragend auf den Produktionsleiter...
Produzent: Was ist denn mit dem Rüssel dort?
Er hat's kaum ausgesprochen, als das Wutgeschrei des Regisseurs losbricht.
Regisseur: Aaaaaahhhh!!! Ich hab's gewußt, ich hab's gewußt! Laßt mich runter, laßt mich runter!
Der Arm des Krans beginnt sich zu senken.
Regisseur: Runter! Ich will ruuunter!!!
Wutentbrannt fährt er den Produzenten an...
Regisseur: Da hast du's, bist du jetzt zufrieden? Siehst du, wie beschissen wir dastehen, alle zusammen?!
Wild mit den Händen fuchtelnd, in denen er das Megaphon und die Brille hält, steigt er vom Kamerakran: ein schmächtiges Männlein im schwarzen Overall, dunkelhäutig, fast kahlköpfig, mit wutverzerrtem Gesicht.
Regisseur: Du bist schuld! Du mit deiner lumpigen Produktion!
Voller Zorn schleudert er das Megaphon davon.
Regisseur: Zum Kotzen ist das! Eine Schande!
Er stellt sich mitten auf den Set und brüllt weiter, stößt jeden, der beschwichtigend eingreifen will, von sich und überschüttet den Produzenten weiter mit heftigen Vorwürfen.

Regisseur: Du hattest mir echte Elefanten versprochen!
Der Produzent versucht standhaft, sich zu rechtfertigen.
Produzent: Der Zirkus ist gerade in Sizilien! Weißt du, wieviel
  sie verlangt haben?!
Bestätigung heischend wendet er sich an den Produktionsleiter.
Produzent: Sag du es ihm, sag es ihm!
Doch der Regisseur ist für Argumente nicht mehr zugänglich.
Regisseur: Du hättest sie bezahlen müssen, wenn du schon mit
  mir arbeiten willst! Wenn nicht, dann geh doch wieder als
  Maurer, das ist dein Metier!
Er stürzt sich auf die Pappmaché-Elefanten, schlägt auf ihre Rüssel
ein, und sie fallen zu Boden.
Die Diva unter dem Baldachin kugelt sich vor Lachen.
Der Produzent versucht die zerstörerische Wut des Regisseurs zu
bremsen und ruft drohend ...
Produzent: Das darfst du nicht tun! Ich lasse dich verhaften!
  Halunke! Verbrecher!
Mit geballter Faust springt er auf.
Produzent: Siehst du nicht, daß du im Irrtum bist! Es ist alles
  nur dein Fehler!
Regisseur: Jaaa! Den Vertrag mit dir zu unterschreiben, das
  war mein Fehler!
Er beginnt auf eine der Elefantenattrappen einzuschlagen, die
umkippt und damit fast die ganze Elefantenreihe zum Einsturz
bringt.
Regisseur: Geht alle zum Teufel! Schluß, aus, hinaus mit euch!
Sein Zorn richtet sich nun auch gegen den Arbeiter, der ihn
besänftigen will, und gegen den Regieassistenten, der ihn von
weiteren Zerstörungen abhalten will.
Regisseur: Ich drehe nicht weiter! Für mich ist der Film aus!
Nun hat auch den Produzenten die Wut gepackt ...
Produzent: Mit dir ist es aus! Ich richte dich zugrunde! Dich
  mach ich fertig!
Vergebens sucht der Produktionsleiter ihn mit einer Tasse Kaffee,
die er schon seit einer Weile in der Hand hält, zu beruhigen.
Produktionsleiter: Beruhigen Sie sich, Commendatore, trin-
  ken Sie einen Schluck Kaffee, Sie dürfen sich nicht so auf-
  regen.
Außer sich vor Wut, stößt der Produzent ihn von sich.
Produzent: Geh mir nicht auf den Sack mit deinem Kaffee!

Mit geschwellter Zornesader läßt er sich in den Segeltuchsessel fallen.

Produzent: Der arbeitet nie wieder, mit niemandem, das schwöre ich!

Und mit beiden Händen auf die Armlehnen des Sessels schlagend, um seinen Worten mehr Gewicht zu verleihen, wiederholt er in einem fort...

Produzent: Nie wieder! Nie wieder! Nie wieder!

Regisseur: Das ist mir scheißegal! Wenn man mit Leuten wie dir nicht mehr zu arbeiten braucht, kann man von Glück sagen! Ihr seid der Untergang des Films! Ich gehe nach Deutschland!!!

Produzent (brüllt): Ins Irrenhaus solltest du gehen!

Rubini hat das ganze Durcheinander ausgenutzt, um sich leise davonzustehlen, nachdem er freundlich grüßend einer der Odalisken zugenickt hat, die ebenso fassungslos ist wie er. Der Regisseur schimpft und droht mit heiserer Kehle weiter...

Regisseur: Ich habe genug von euch! Ich gehe nach Deutschland!

In diesem Augenblick ertönt freundlich, aber bestimmt die Stimme Fellinis.

Stimme von Fellini: Marra, Marra, entschuldige...

Regisseur/Marra: Was ist, Dottore?

Stimme von Fellini: Dein Temperament in Ehren, aber eins hast du vergessen...

Regisseur/Marra: Was denn?!

Fellini (den wir von hinten sehen) tritt ins Bild und geht auf die Elefanten zu, die noch stehengeblieben sind.

Fellini: Du hast mit dem dritten Elefanten angefangen. Den ersten hättest du umstoßen sollen!

Regisseur/Marra: Uh, stimmt! Machen wir's nochmal?

Fellini: Natürlich, wir müssen es nochmal machen!

Damit verschwindet er hinter einer der großen Elefantenfiguren, gefolgt von dem Regisseur-Darsteller.

Regisseur/Marra: Ich hab mich vertan, machen wir es eben noch einmal...

Fellini: Diesen hier hättest du umwerfen müssen...

Er kippt den Elefanten um, der eine Staubwolke aufwirbelt, und erklärt...

Fellini: Die Einstellung war eigens so gewählt, daß der Elefant beinahe in die Kamera fällt...

Plötzlich tauchen die drei Japaner auf, die mit geschulterter Kamera alles filmen. Entnervt-ironisch kommentiert Fellini ihr Erscheinen...

>*Fellini:* Ah, da sind sie ja wieder, ich hatte mir schon Sorgen gemacht... Guten Tag.

Der Leiter des Teams verbeugt sich und sagt irgend etwas in seiner Sprache.

Die Japanerin beginnt sofort zu dolmetschen.

>*Japanerin:* Signor Fellini, wir möchten wissen etwas über ihre Filme...
>
>*Fellini:* Bitte, nur zu...
>
>*Japanerin:* Darf ich Sie fragen, wo Sie all die seltsamen Gesichter hernehmen?

Die Kamera der Japaner nähert sich, wie um die Antwort aufzunehmen, die Fellini gleich geben wird.

U-Bahnhof. Außen/Innen. Künstliches Licht.

(Rattern des Zugs)

Wir befinden uns in der U-Bahn, die mit langgezogenem Rattern durch die dunklen Tunnels fährt.

In den Waggons eine bunte Ansammlung der verschiedensten Menschentypen, Gesichter, Gesten, Physiognomien: Einer, der mit steinerner Miene ins Leere starrt, einer, der wie ein Affe an zwei Halteschlaufen hängt und Kaugummiblasen platzen läßt; einer, der an seinen Fingernägeln kaut, und einer – nämlich Maurizio –, der tief in Gedanken versunken auf der Bank sitzt, die Brille in die Stirn hinaufgeschoben, die Finger der rechten Hand an der Nasenwurzel, und auf einen prallen Jeans-Hintern starrt, der eine Handbreit vor seinem Gesicht vibriert. Neger, dicke, schwitzende Frauen, die vertraulich miteinander flüstern, einer, der liest, ein anderer, der aufsteht und sich zum Aussteigen bereitmacht. Auch ein Set-Photograph ist da, der gerade eine dicke Frau photographiert. Wütend fährt sie ihn an...

>*Dicke Frau:* Was unterstehen Sie sich, mich zu photographieren!

Zwei andere, wohlgestaltete weibliche Fahrgäste lächeln amüsiert. Ein Mann schiebt sich vor und streckt den Kopf unter den Achseln der gekränkten Signora hervor.

Fahrgast: Und ein Gesicht wie das meine? Könnt ihr das nicht gebrauchen?

Ein junges Mädchen streichelt traumverloren, mit mechanisch massierenden Handbewegungen den Arm des Freundes.

Dann der Bahnhof: Leute steigen aus, andere steigen ein, und das Bild im Waggon wechselt; mehrere junge Frauen mit üppigen Formen treten schwatzend in den Waggon. Eine von ihnen erklärt der Freundin ärgerlich, mit herausfordernder Miene...

Erste Dicke: Na schön, ich laufe ihm nicht mehr nach!

Zweite Dicke: Und deine Mutter?

Erste Dicke: Meine Mutter? Die hat ihn nie ausstehen können!

Neben ihnen steht, schwankend wie im Drogenrausch, ein Großstadtjunge in schwarzer Lederjacke und mit Punkfrisur. Maurizio betrachtet eine junge Frau mit blonder Lockenmähne und spricht sie in professionell-höflichem Ton an...

Maurizio: Signorina! Signorina, entschuldigen Sie... Dürfen wir ein Photo von Ihnen machen?

Er rahmt sein Gesicht mit den Händen ein, um ihr seine Absicht zu verdeutlichen.

Blondine: Wozu denn?

Maurizio: Sie haben ein so schönes Gesicht, das ist mir sofort aufgefallen...

Das Mädchen lächelt geschmeichelt und verlegen.

Maurizio: Interessiert es Sie nicht, bei einem Film mitzumachen, sich einmal auf ein ganz ungewöhnliches Abenteuer einzulassen, und sei es nur aus Neugierde?

Er wendet sich zu der brünetten Dame, die rechts von ihm sitzt und erklärt ihr höflich...

Maurizio: Ich bin Maurizio Mein, der Regieassistent von Fellini, sagt Ihnen der Name etwas? Wir sind auf der Suche nach Gesichtern, nach Darstellern für Kafkas »Amerika«; wir haben vor, es zu verfilmen; ich persönlich halte das für eine glänzende Idee.

Die U-Bahn nähert sich dem Bahnhof Cinecittà, dessen Wände mit Plakaten beklebt sind, auf denen ein hübsches, dunkelhaariges Mädchen mit sinnlichen Gesichtszügen zu sehen ist.

Der Regieassistent, das Mädchen mit der blonden Lockenpracht und andere Fahrgäste – darunter eine großgewachsene, füllige, vor Aufregung zitternde Frau und eine Schar dicker junger Mädchen – schicken sich zum Aussteigen an. Eins der jungen Mädchen zieht ihr

T-Shirt mit dem Konterfei Elvis Presleys über dem schwellenden Busen straff und sagt scherzhaft...

Dickes Mädchen: Flora! Guck dir mal den Elvis an, sieht aus, als ob er Zahnweh hat!

Sie gehen auf die Treppen zum Ausgang zu und steigen hinauf.

Platz und Weg in Cinecittà. Außen. Tag.

In der hochmodernen Glaskabine am Eingang zu Cinecittà sitzt ein Torwächter mit schwarzer Lederjacke und ebenso schwarzem Schnurrbart. Er drückt auf eine Taste des Telephons, nimmt den Hörer ab und fragt...

Wachmann: Und Sampdoria Atalante? X2? Ich auch!... ja, ja, weiß ich...

Maurizio geht den jungen Frauen voraus.

Maurizio: Nur zu, Mädchen, kommt herein, mir nach...

Fröhlich schwatzend geht der kleine Trupp die Wege Cinecittàs entlang.

Maurizio: Kommt! Hier geht's lang!

Es ist ein schöner Tag, und die hohen Pinien glänzen im Sonnenschein. Vor dem Tonstudio spazieren die weißbekittelten Techniker wie immer müßig auf und ab. Die Mädchen plaudern miteinander.

Dickes Mädchen: Amelia! Habt ihr das gewußt? Für die Probeaufnahmen bezahlen sie uns nichts!

Amelia (aufgebracht, aggressiv): Sie bezahlen nichts???

Dickes Mädchen: Nein, für die Probeaufnahmen nicht.

Amelia: Glaubst du, ich bin um fünf Uhr morgens aufgestanden, nur um hier frische Luft zu schnappen?

Die Dicke mit dem Elvis-Presley-T-Shirt bemüht sich vergeblich, das Kleidungsstück über dem Bauch straffzuziehen.

Dickes Mädchen: Dauernd rutscht es vorne hoch...

Andere Dicke: Hättest du dir nicht etwas anderes anziehen können?

Maurizio geht festen Schritts vor den Mädchen her und spricht dabei in sein unvermeidliches Walkie-Talkie.

Maurizio: Ich rücke an mit... (dreht sich um, um die Mädchen zu zählen), eins, zwei, drei, vier, fünf, sechs, sieben, acht Mädchen, ja, acht sind es; ich schicke sie direkt in die Schneiderei. Ende.

Eine der Dicken fragt...

Dicke (off): Sollen wir mit Ihnen kommen?

Höflich, aber gebieterisch weist Maurizio ihnen den Weg, ohne sich auch nur zu ihnen umzudrehen.

Maurizio: Ihr geht dort hinüber, in die Schneiderei! Ich komme später nach. Jetzt gehe ich in die Ausstattung, und ihr geht dort hinüber, alle dort hinüber...

Mit ausgestrecktem Arm wie ein Verkehrspolizist zeigt er ihnen die Richtung.

Schneiderei in Cinecittà. Innen. Tag.

Wir sind im Kostümfundus, dem weiträumigen Atelier Danilo Donatis, das vollgepfropft ist mit Tischen, Schneiderpuppen, Nähmaschinen, Kostümentwürfen, Bügeltischen. Schneiderinnen und Assistenten sind emsig bei der Arbeit.

Zögernd und neugierig gehen die dicken Mädchen durch den Raum. Eine von ihnen folgt plaudernd einem Assistenten.

Dicke: Vor Jahren war ich schon mal hier, und was ist daraus geworden? Nichts... Wo sollen wir hin? Dort hinüber?

Der Assistent führt sie weiter. Eine andere, die gerade angekleidet wird, erzählt...

Zweite Dicke: Ich habe in einer Kartoffel-Chips-Fabrik gearbeitet, als Prüferin... probiere hier einen Chip, dort einen Chip, und eh ich's mich versehe, habe ich vierzig Kilo zugenommen...

Eine Assistentin ruft nach dem Kostümbildner.

Assistentin: Signor Donati!

Doch Donati kann ihr im Augenblick kein Gehör schenken. Er steckt unter einem riesigen, frisch ausgewallten Blätterteigfladen, den er prüfend in die Höhe hebt. Im Ton des vielbeschäftigten Mannes ruft er...

Donati: Seht ihr denn nicht, daß ich zu tun habe! (bei sich) Zart wie Seide ist er...

Assistentin (zu einer der Dicken): Signora? Kommen Sie, nehmen Sie Platz.

Dicke: Um elf muß ich aber gehen, meinen Führerschein verlängern lassen... Außerdem, entschuldigen Sie, steht hier geschrieben...

Assistentin: Ja, ja, hier steht, sie soll blond sein; aber er will sich jetzt auch Brünette ansehen...

Sie läßt die Dicke in der als Maskenbildnerei eingerichteten Ecke des Raums Platz nehmen.

Von der geschickten Hand des Maskenbildners Massimo werden die Dicken vor der langen Spiegelreihe schön gemacht und frisiert.

Der Regieassistent mit dem traurigen Blick kniet neben einem der Frisierstühle und spricht einer Dicken mit lockigem Haar den Text für die Probeaufnahme vor.

Regieassistent: Soll ich den Vorhang aufziehen?

Fellinis Stimme ruft Befehle und Anweisungen.

Stimme von Fellini: Sprich den Text nach, ja du, sag es nach! Stefano, du stehst langsam auf; und du, Massimo, gehst auf die andere Seite, ja, bück dich, tiefer... Tonino! Tonino!

Eine Stimme: Der ist hier! Hier!

Tonino Delli Colli, der Kameramann, sitzt gemütlich im Arm einer dicken, mütterlichen Frau, die ihm ein Brötchen regelrecht in den Mund stopft.

Stimme von Fellini (tadelnd): Aber Tonino, was soll das denn?

Die üppige Brünette lacht aus voller Kehle, während Tonino wie auf frischer Tat ertappt von ihrem Schoß aufsteht.

Delli Colli (belustigt): Dreht ihr etwa schon?

Stimme von Fellini: Natürlich drehen wir. Was denn sonst?

Scriptgirl (erläutert einer Kandidatin die Rolle der Brunelda): Sie ißt und schläft und vögelt ständig; recht hat sie!

Eine der Dicken, die in der Maske sitzen, fragt den Regieassistenten mit dem traurigen Blick...

Dicke in der Maske: Hier werde ich als männermordender Vamp bezeichnet, wie macht man das denn?

Eine andere Dicke ruft ebenfalls nach dem Regieassistenten.

Regieassistent: Was gibt's?

Dicke im Unterrock: Entschuldigen Sie, hier auf dem Zettel steht, daß Brunelda gebadet wird: Wollt ihr zeigen, wie sie in die Badewanne steigt, oder liegt sie schon drin, mit Badedas und Schaum...?

Eine dicke Blondine ruft in leicht vorwurfsvollem Ton...

Dicke Blondine: O nein, Signora, eines sage ich Ihnen: Nacktaufnahmen mache ich nicht! Bei allem Respekt vor Herrn Fellini, nackt nicht! Das habe ich nie gemacht und ich sehe nicht ein... Nicht, daß ich es nicht könnte... Die Rolle der

Brunelda mag ja sehr schön sein, aber man braucht sie doch nicht gleich auszuziehen.

Eine Friseuse sieht das hübsche Mädchen mit der blonden Lockenmähne hereinkommen, das wir in der U-Bahn kennengelernt haben, und kommentiert scherzhaft...

Friseuse: Sieh mal dort, die Zuckerpuppe...

Mädchen aus der U-Bahn: Ist Maurizio Mein hier zu finden? Guten Tag!

Cinecittà. Ausstattungsabteilung. Innen. Tag.

Wie in einer Werkstatt des Quattrocento stehen zwei Maler auf Leitern und sind damit beschäftigt, ein riesiges Wandbild orientalischen Stils zu vollenden. Gino Millozza, der Studioleiter, verhandelt mit dem Architekten über »Einsparungen«.

Millozza: Antoné, weißt du eigentlich, wie teuer ein Fenster kommt? Und du willst zehn Stück davon haben? Komm, laß vier weg.

Die beiden sitzen vor den Entwürfen für die Ausstattung. Der Architekt will nicht nachgeben.

Antonello: Vier oder acht, das macht im Preis kaum einen Unterschied!

Millozza: Das sagst du.

Neben ihnen probiert ein hübsches junges Mädchen, mit sinnlichem Gesichtsausdruck die Zähne zu zeigen und prüft ihre Grimassen ein wenig skeptisch in einem Handspiegel. Nicht weit von ihr ist eine andere, ganz in Rot gekleidete junge Frau mit der gleichen Übung beschäftigt.

Es geht dabei um eine Probeaufnahme, denn wir hören die Stimme des Regieassistenten Maurizio, der eifrig dabei ist, den Mädchen ihre Rolle zu erklären.

Maurizio: Schau mich an! Das Gesicht muß erregend wirken: pervers, wild und sanft zugleich.

Er führt den Gesichtsausdruck einem prachtvollen jungen Mädchen vor, das einen über dem Busen großzügig geöffneten weißen Blazer und eine in die Stirn hochgeschobene Sonnenbrille trägt.

Maurizio: Hör zu: du mußt wild und animalisch sein... Ja, so ist es gut, die bebenden Nasenflügel sind die Hauptsache. Glaub mir, die bebenden Nasenflügel, die können alles entscheiden.

Das Mädchen nickt gutwillig. In diesem Augenblick klingelt das Telephon.

(Klingeln des Telephons)

Maurizio geht den Hörer abnehmen und überläßt seinen Platz Christian, dem feminin wirkenden jungen Photographen, der sich sofort daranmacht, eine ganze Reihe Photos von dem Mädchen zu knipsen.

> *Maurizio* (am Telephon): Hallo! Ja, ich höre, hier Studio 2, Ausstattung...
> *Millozza:* Für mich?
> *Maurizio:* Was für eine Botschaft? (zu Millozza) Gino, hör dir das mal an! (ins Telephon) Ich gebe Ihnen jetzt den Studioleiter, sprechen Sie mit ihm. (zu Gino) Keine Ahnung, was der will...

Millozza greift nach dem Hörer.

> *Millozza:* Mit wem spreche ich? Hallo! Hallo! Mit wem spreche ich? Wer sind Sie?! Was soll das heißen, nicht von Bedeutung? Wer sind Sie?

Man hört, wie am anderen Ende der Leitung aufgelegt wird. Einen Augenblick starrt Millozza fassungslos den Hörer an und legt auf.

> *Millozza* (zu Maurizio): Er hat aufgelegt...

Dann wendet er sich, einem plötzlichen Entschluß folgend, an alle Anwesenden...

> *Millozza:* Ah, entschuldigt, würde es euch etwas ausmachen, einen Augenblick hinauszugehen? Es ist meine Schuld, ich hatte ganz vergessen, daß ich einen Termin habe, hier, um zehn. Bitte, geht alle hinaus... Ihr beiden auch, danke. Die Geschäftsführung kommt.
> *Ein Maler:* Das trifft sich gut, mit der Geschäftsführung wollten wir auch sprechen...
> *Millozza:* Nein, geht alle hinaus, danke. Antonella, führe sie in die Kantine, die Produktion bezahlt...
> *Maurizio:* O Wunder!
> *Millozza:* Eine Viertelstunde Pause.

Als alle den großen Raum verlassen haben, packt Millozza Maurizio am Ärmel und mahnt ihn...

> *Millozza:* Du darfst niemandem etwas davon sagen, verstanden? Niemandem, klar?
> *Maurizio:* In Ordnung.
> *Millozza* (an die Adresse des anonymen Anrufers gerichtet): Na warte...

Hauptweg in Cinecittà. Außen. Tag.

Die drei jungen Mädchen von den Probeaufnahmen plaudern mit dem Architekten Antonello.

> *Antonello:* Ich habe gehört, daß sie von diesem Frauengesicht große Plakate machen und die ganze Stadt damit tapezieren wollen...

Etwas abseits, wie jemand, der nicht belauscht werden will, steht Maurizio und spricht leise und aufgeregt in sein Walkie-Talkie.

> *Maurizio* (in dramatischem Ton): Wir haben einen schrecklichen Anruf bekommen... Hier Maurizio! Sag allen Bescheid, im Studio 2 ist eine Bombe gelegt worden, wir müssen Alarm schlagen! Gino will keinem etwas sagen, aber ich bin dagegen... ruf die Direktion an, ruf an, schnell...

Er wird von Millozza unterbrochen, der an der Tür zur Ausstattung steht und nach ihm ruft.

> *Millozza* (leise, für sich): Da ist er ja... (dann laut und gebieterisch) Maurizio... Maurizio! Komm, gehen wir in die Kantine... Komm einen Kamillentee trinken, der tut dir gut...
> *Maurizio:* Ja, ja... gerne...

Millozza legt den Arm um Maurizios Schulter. Maurizio sieht, daß die Tür offensteht und sagt besorgt...

> *Maurizio:* Wir machen sie lieber zu, oder?
> *Millozza:* Ja, ja, mach zu...
> *Maurizio:* Du, Gino, ich glaube, es wäre wirklich angebracht...

Ausstattungsabteilung. Innen. Tag.

Nun ist in dem weitläufigen Raum niemand mehr zu sehen. Beängstigende Stille umfängt die nach dieser überstürzten Flucht verlassen herumstehenden Requisiten, Zeichnungen, Entwürfe und Modelle.

Hauptweg in Cinecittà. Außen. Tag.

Aufnahmeleiter und Produktionsleiter kommen, die Köpfe zusammensteckend und in alarmiertem Ton miteinander sprechend, den Weg herauf.

Aufnahmeleiter: Wie lange werden sie brauchen?

Produktionsleiter: Nun ja, die nächste Polizeistation ist an der Piazza Tuscolo...

Sie schließen sich Millozza an, zu dem der Produktionsleiter mit vorsichtiger Mißbilligung bemerkt...

Produktionsleiter: Hör mal, Gino, tut mir leid, aber ich bin nicht deiner Meinung, ich finde, wir sollten die Direktion benachrichtigen...

Millozza (beschwichtigend): Das ist doch nur irgendein Idiot, der sich einen Scherz macht!

Aufnahmeleiter: Und wenn nicht?

Produktionsleiter: Man kann nie wissen...

Ein Trupp Arbeiter hat sich nichtsahnend und sorglos genau vor der Tür zur Ausstattungsabteilung niedergelassen; andere sitzen am Rand der Blumenrabatte auf der anderen Straßenseite. Plötzlich ertönt durchdringendes Sirengeheul, und vom Ende des Wegs her kommt ein Polizeiauto herangerast; dahinter ein zweites und ein drittes. Mit quietschenden Reifen kommen sie zum Stehen. Rasch und entschlossen springen einige Polizisten heraus und stellen sich neben den Autos auf. Ein Polizeihauptmann in Zivil befiehlt, ohne Zeit zu verlieren...

Polizeihauptmann: Schafft die Leute hier weg, aber keiner verläßt das Gelände!

Polizisten in Uniform führen den Befehl aus.

Polizist: Zurück, zurück! Hier darf keiner durch!

Wieder ertönt schrill eine Sirene: es ist die Ambulanz, die vorsorglich angefahren kommt.

Leute kommen aus den Studios, aus der Kantine und den Labors gelaufen, versammeln sich mit aufgeregtem Geschrei und fragen einander, was passiert sei. Einer ruft boshaft...

Stimme: He, Chiodo, jetzt holen sie dich!

Der Polizeihauptmann fragt die Vertreter der Produktion...

Polizeihauptmann: Wer von Ihnen hat den Anruf entgegengenommen?

Produktionsleiter: Herr Gino Millozza.

Millozza: Ja, vor zehn Minuten... Wir waren gerade bei der Arbeit...

Polizeihauptmann: Ist dies das Studio?

Millozza: Dort ist der Eingang. Ich habe natürlich alle weggeschickt...

Doch der Polizeihauptmann will ganz sicher gehen und befiehlt seinen Männern...

Polizeihauptmann: Sperrt das Gelände ab! Und laßt niemanden in die Nähe!

Sogleich spannen die Polizisten das rot-weiß gestreifte Band, das als Absperrung dient. Während immer mehr Neugierige zusammenlaufen, ruft der Polizeihauptmann seine Mannschaft zusammen.

Polizeihauptmann: Passacantando! Du und Lori, ihr kontrolliert die in der Kantine...

Ein Beamter in Zivil, der mit seinem dichten schwarzen Kinnbart nicht als Polizist zu erkennen ist, eilt mit langen Schritten zur Kantine. Mit sorgenvoller Miene kommt nun auch Maurizio hinzu. Alles blickt gespannt und erwartungsvoll auf die Polizisten, die nun geschlossen auf die Tür zur Ausstattungsabteilung zuschreiten...

Ausstattungsabteilung. Innen. Tag.

Die drei Uniformierten, zwei Polizisten in Zivil und der Produktionsleiter treten, angeführt vom Polizeihauptmann, der die schwere, verglaste Eingangstür aufstößt, in die Ausstattung.

Polizeihauptmann: Das ist also der Raum, in dem Sie den Anruf bekommen haben.

Produktionsleiter: Ja, die Ausstattung.

Polizeihauptmann (zu einem Polizisten): Mach bitte die Tür zu und bleib draußen stehen!

Der Polizist tut, wie ihm geheißen. Ein anderer fährt mit einem Metalldetektor den großen Tisch entlang, auf dem ein Modell von Cinecittà aufgebaut ist.

Polizeihauptmann: Hat die Stimme italienisch gesprochen?

Produktionsleiter (off): Signor Millozza hat den Anruf entgegengenommen, nicht ich.

Polizeihauptmann: Oder hatte sie einen ausländischen Akzent?

Millozza (off): Nein, italienisch...

Vorsichtig gehen die Polizisten im Zimmer herum.

Polizeihauptmann: Haben Sie vielleicht die Telephonmünze fallen hören? Ich meine, hatten Sie den Eindruck, daß der Anruf aus einer öffentlichen Telephonzelle kam?

Millozza (off): Nein, so kam es mir nicht vor...

Anderer Beamter in Zivil: Ist es das erste Mal, daß Sie Drohanrufe bekommen?

Produktionsleiter (belustigt): Nein, nein, im Gegenteil, bei unserer Tätigkeit kommt so etwas häufig vor, besonders bei Signor Gino... Aber Bombendrohungen...

Polizeihauptmann: Ich möchte zur Direktion. Kann mich jemand begleiten?

Produktionsleiter: Gerne, ich komme mit.

Polizeihauptmann: Danke. (zu einem Polizisten) Colantonio, du überwachst den Korridor und das Obergeschoß.

Er geht hinaus, gefolgt von den anderen. Vor dem Bild der immer noch wartenden Menge von Bühnenarbeitern und Schaulustigen hören wir die Stimme Maurizios, der die Episode mit den folgenden Worten abschließt...

Stimme von Maurizio: Sie haben alles durchsucht und nichts gefunden. Schade. Ich war ein wenig enttäuscht... Wir setzten unsere Arbeit oben in den Büros der Produktion fort.

Büros der Produktion. Innen. Tag.

Im Büro der Produktion wird gerade die »Besetzung gemacht« d. h. es haben sich all jene Schauspieler, Laien- und Nebendarsteller, Komparsen und Möchtegerns versammelt, die auf eine Haupt-, Neben- oder Statistenrolle spekulieren.

Christian und der andere Set-Photograph verschießen ganze Filme mit Porträtaufnahmen. Währenddessen hören wir die vor Empörung bebende Stimme einer Schauspielerin, die in eigener Sache spricht.

Stimme der ältlichen Schauspielerin: Vierzig Jahre auf der Bühne zählen für euch wohl gar nicht? Gesicht... Gesicht... natürlich muß einer auch ein Gesicht haben, aber sollen denn das Talent und die Erfahrung einer Schauspielerin, die vierzig Jahre lang auf allen Bühnen Italiens stand, zu gar nichts nütze, ja sogar von Nachteil sein?!

Die Schauspielerin, die so klagt und protestiert, sitzt in einem alten

Ledersessel, während der Regieassistent mit dem traurigen Gesicht ihr resigniert zuhört.

Ältliche Schauspielerin: Man könnte ja fast glauben, Schauspieler zu sein, sei ein Makel oder was weiß ich... Der Regisseur mag ja ein begabter Mann sein, keiner leugnet es, aber wenn er einen Film machen will, geht es nicht ohne Schauspieler, echte Schauspieler, meine ich... und die gibt es, sage ich...

Zweiter Regieassistent: Ja, Sie haben recht, Signora, aber wir suchen ein bißchen ausgefallene Gesichter, Typen, die...

Das Durcheinander in Maurizios Büro wird immer größer: hier sitzt eine Schauspielerin, dort wird eine von ihrem Agenten hereingeschoben...

Agent Ceccacci: Hier ist Italia, das ist schon das dritte Mal!

...Und Chiodo ist auch da und geht unermüdlich allen auf die Nerven.

Chiodo: Er muß sich auch endlich drüber klar werden, daß wir einander brauchen!

Maurizio: Chiodo, hier wird gearbeitet!

Chiodo: Und was, glaubst du, tue ich? Arbeite ich vielleicht nicht! Ich muß den Maestro sehen!

Das Telephon klingelt, Chiodo nimmt den Hörer ab und reicht ihn Maurizio.

Chiodo: Ich weiß schon, warum ihr mich nicht mit ihm reden lassen wollt, weil ihr nicht wollt, daß er entscheidet...

Maurizio (am Telephon): Nein, Contessa, es gibt nichts Neues, wir rufen Sie zurück...

Chiodo: Der Chiodo muß immer bei mir sein, hat er gesagt; denn wenn er einen Kaffee braucht, oder einen Schluck Wasser...

Maurizio: Gewiß...

Chiodo: ...oder eine Zigarette...

Maurizio: Er raucht nicht!

Chiodo: Das ist egal, irgendwas braucht er immer, der Ärmste...

Zustimmung heischend sieht er die vor Maurizio sitzende Schauspielerin an und erklärt ihr...

Chiodo: Die hier haben ihn nämlich alle ausgeschmiert und im Stich gelassen!

Maurizio (aufgebracht): Ceccacci, willst du mir nicht endlich diesen Chiodo vom Hals schaffen?!

Chiodo (drohend): Ah, Ceccacci, faß mich nicht an, sonst passiert was!

Vor Maurizio sitzt eine junge Frau, die an einem zerknüllten Taschentuch in ihrer Faust nagt und in gebrochenem Italienisch jammert...

Ausländische Schauspielerin: Was nicht gut an meine Probeaufnahme? Aussprache? Aber ihr gesagt, meine Rolle ausländisch...

Maurizio: Signora, so etwas kommt leider vor in dieser Branche, Signor Fellini hat es eben für richtig befunden, die Rolle jemand anders zu geben...

Ausländische Schauspielerin: Ich wollte mitmachen... meine Aufenthaltsgenehmigung ist schon verlängert!

Ceccacci küßt sie tröstend aufs Haar.

Ceccacci: Das ist doch die Hauptsache, daß du in der schönsten Stadt der Welt bleiben kannst. Und eine Kleinigkeit werden wir schon springen lassen... nicht wahr, Maurizio?

Wieder schellt das Telephon.

Maurizio: Hallo?

Währenddessen meldet sich ein alter Soldat in ordengeschmückter Uniform zu Wort. Er steht stramm und erklärt...

Alter Soldat: Von allen Filmen, die Signor Fellini gemacht hat, habe ich noch bei keinem mitgespielt...

Ein anderer Kandidat: Ich habe auch noch nie eine Rolle gehabt, obwohl ich ein Schauspieler in ständiger Entwicklung bin.

Maurizio (off): Mein Kompliment!

Kandidat: Wissen Sie, daß er mich einmal eine Leiche spielen ließ?

Das Scriptgirl kommt herein, einen unrasierten jungen Mann im Schlepptau.

Scriptgirl: Maurizio, sieh dir den hübschen Jungen an. Er ist Bühnenschauspieler, was meinst du, soll ich ihn zu Fellini rüberbringen?

Die junge Agentin, die wir am Anfang des Films auf dem großen Platz von Cinecittà mit den Kandidaten für die Rolle des Karl gesehen haben, kommt ins Zimmer gestürzt, hinter sich vier, fünf junge Männer.

Agentin: Ich bin überall herumgelaufen, in Konservatorien, Bibliotheken und kirchlichen Einrichtungen; ich war auf der polnischen, der ungarischen und der tschechoslowakischen Botschaft, überall habe ich gesucht, und wenn der Richtige für eure Rolle nun wieder nicht dabei ist, dann weiß ich wahrhaftig nicht, was er will!

Doch Maurizio spricht am Telephon, das schon wieder geklingelt hat.

Maurizio: Hallo? Welche Apotheke denn?!

Nun tritt eine üppige Schönheit mit nackten Armen zur Tür herein.

Schauspielerin: Ist es gestattet? Ist der Herr Regisseur da?

Maurizio (ungehalten): Was? Sie können doch nicht einfach hereinkommen!

Schauspielerin: Oh, entschuldigen Sie, ich bin gekommen, weil mir jemand gesagt hat, ich sei ein Fellini-Typ...

Maurizio: Ja und?

Schauspielerin: Und noch etwas muß ich Ihnen sagen: ich habe schon als kleines Mädchen immer eine gewisse Veranlagung gehabt, ja... (deutet auf ihren Busen). Schon als Kind fing ich augenblicklich zu weinen an, wenn ich ein Begräbnis sah, immer weinte ich am meisten von allen...

Maurizio: Na und?

Schauspielerin: Sehen Sie, jetzt fange ich auch gleich an zu weinen. Schauen Sie her, ich kann mir auf der Stelle die Tränen kommen lassen... mir kommen die Tränen, schauen Sie doch...

Maurizio: Bravo, Signora; aber jetzt suchen wir nur ganz bestimmte Typen.

Schauspielerin: Ich hab auch einen Bruder, wenn ich nicht die Richtige bin; der ist besser als die alle zusammen, auf jeden Fall...!

Maurizio: Ging Ihr Bruder auch immer auf Beerdigungen?

Schauspielerin: Nein, der nicht; er hat sich immer als Frau verkleidet und damit alle zum Lachen gebracht... Wissen Sie, bei uns ist die ganze Familie so, Sie brauchen sich nur den Richtigen rauszusuchen!

Ein weiterer Kandidat kommt in Begleitung eines unförmig dicken Mannes herein, welcher verkündet...

Dicker Mann: Da sind wir wieder!

Maurizio: Haben Sie das Photo mit Name und Anschrift mitgebracht?

Dicker Mann: Natürlich hat er es mitgebracht! Er hat es in der

Hand. (Zum Kandidaten) Gib's dem Dottore! Ich habe es selbst geknipst, eine ganze Menge habe ich geknipst, damals!
Maurizio betrachtet das kleine Photo, das die beiden ihm gegeben haben; dann ruft er verblüfft und ärgerlich...

Maurizio: Was ist denn das? Was soll ich damit? Da sind ja zweihundert Personen drauf!

Dicker Mann (stolz): Tja, es war eben eine Hochzeit im großen Stil, sogar von Ancona sind sie gekommen! Das hier ist er, der neben meinem Onkel; der da sitzt, das ist mein Onkel!

Kandidat (mit dünnem Stimmchen): Ja, das bin ich... der da...

Maurizio: Schon gut, aber dieses Photo nützt uns nichts, das könnt ihr wieder mitnehmen!

Dicker Mann: Ich hab noch jede Menge andere, es war so ein schönes Fest!

Maurizio: Ja, ja, ich glaub's. Und was wollen Sie?

Dicker Mann: Ich? Ich habe gehört, daß ihr Dicke sucht, deshalb bin ich auch mitgekommen.

Maurizio: Aber wir suchen dicke Frauen...

Dicker Mann: Ach so. Na dann rück mal was raus, ja? Immerhin bin ich hergekommen, klar? Jetzt müßt ihr mir auch etwas geben.

Maurizio: Wie bitte? Was müssen wir dir geben?

Kandidat (mit dünnem Stimmchen): Ihr gebt ihm eben soviel, wie...

Dicker Mann: Schließlich habe ich ihn herbegleitet.
Maurizio hat den Telephonhörer abgenommen.

Maurizio: Hallo?
Aus dem Hörer tönt unverkennbar das Geräusch eines gedehnten Furzes. Maurizio nimmt es mit Würde hin und legt den Hörer auf.

Maurizio (indigniert): Was man heute alles zu hören bekommt. (dann zu einer der beiden Frauen, die vor ihm stehen) Sind Sie Schauspielerin, Signora?

Kandidatin (antwortet für die andere): Nein, sie ist Witwe.
Die Witwe hebt drei Finger und bestätigt...

Witwe: Seit drei Jahren.

Maurizio: Tut mir leid, aber ich verstehe nicht recht, wieso...
Der Aufnahmeleiter unterbricht ihn.

Aufnahmeleiter: Maurizio...

Maurizio: Was ist?

Aufnahmeleiter: Sie haben alles akzeptiert, was machen wir jetzt?

Fellinis Büro. Innen. Tag.

Fellini sitzt zusammen mit Millozza, Donati, Delli Colli und Notarianni in seinem Büro. Er zeigt ein Photo herum, auf dem eine noch im Bau befindliche Hochbahn über einer amerikanischen Stadt zu sehen ist.

> *Fellini:* Aber wir brauchen doch nur ganz wenige szenographische Elemente, um die Atmosphäre einer amerikanischen Straße zu vermitteln...
> *Millozza:* Auf eine Milliarde kommt es trotzdem. Und dann willst du auch noch Dämmerlicht.
> *Fellini:* Ja sicher, wenn Karl Brunelda ins Bordell bringt, ist es früher Morgen.

Notarianni streckt seinen Kopf hinter den aufgeschlagenen Seiten der »Unità« hervor.

> *Notarianni:* Hör mal, Gino, ein schöner trüber Tag, und die Dämmerung kann uns mal.
> *Millozza:* Und die Kosten für das Ganze, können die uns auch mal?

Die Assistenten blättern Stapel von Photographien durch. Fellini, dem der japanische Interviewer sanft den Nacken massiert, sagt mißmutig...

> *Fellini* (zum Japaner): Hat überhaupt nichts genützt. Im Gegenteil, jetzt tut es noch mehr weh als vorher.

Der Japaner reibt ihm weiter den Hals.
Donati, der daneben sitzt, zeigt Fellini eine Reihe Photos von Amerikanern aus der Pionierzeit.

> *Donati:* In welchem amerikanischen Film haben wir je solche Kostüme gesehen?
> *Fellini:* Zeig mal.
> *Donati:* Ich weiß schon, wie ich die nachmache!
> *Fellini:* Bravo, Danilo!
> *Donati:* Frei erfunden und genau richtig. Da, sieh dir mal die hier an...

Er legt ihm noch einige von den düsteren und stimmungsvollen Photos hin.

Fellini: Weißt du, was man da machen könnte? Vergrößerungen... Dies hier ist schön... In Lebensgröße... oder vielleicht einige kleiner und einige größer...

Mannoni (Produktionsleiter): Fellini, wir müssen jetzt endlich wissen, ob die Signora zu den Terminen da ist oder nicht, damit wir planen können...

Notarianni: Sie wartet seit einer Woche auf dich, Federico, heute mußt du wirklich hingehen und sie fragen...

Es klopft an der Tür.

Fellini: Wer ist da?

Maurizio streckt den Kopf herein.

Maurizio: Ich bin's, Fellini.

Fellini: Was gibt's?

Maurizio: Nichts weiter, alles unter Kontrolle, wir machen gerade Photos von ihnen.

Unter Maurizios vorgestrecktem Kopf schiebt sich Chiodo herein.

Chiodo: Ah, Maestro, ich bin immer da, ja?

Fellini: Was willst du? Du hast hier nichts zu suchen, Chiodo, mach, daß du fortkommst!

Chiodo (zu Maurizio): Was hat er gesagt?

Maurizio: Daß du weggehen sollst, Chiodo, verschwinde!

Er schiebt ihn zurück und sagt dann zu Fellini...

Maurizio: Fellini, so hören Sie doch, ich habe Marcello gesehen.

Fellini: Was sagst du, Maurizio?

Maurizio: Ich habe Marcello gesehen. Er ist unten, er dreht gerade.

Fellini: Ah, schön, und?

Maurizio: Er hat gesagt, sobald er kann, kommt er herauf, um Ihnen guten Tag zu sagen.

Plötzlich ertönt das Quietschen von Aufzugswinden, und draußen beginnt ein heftiger Wind zu blasen, der immer stärker wird.

Fellini: Was ist los? Was geht hier vor?

Draußen vor dem Fenster flattern Bettücher im Wind, Luftballons steigen auf, und plötzlich wird das Fenster aufgestoßen. In der Fensteröffnung erscheint, in der Luft schwebend, Marcello Mastroianni im blauen Frack Mandrakes.

Fellini (erfreut): Hallo, Snaporaz!

Mastroianni: Salve Callaghan! Hallo, Jungs, habt ihr Probleme? Die üblichen Geldprobleme? Keine Lira mehr in der

Tasche? Oder gar Potenzprobleme? Keine Angst, Mandrake weiß Hilfe: drei Schläge mit der Rute, tack, tack, tack, schon steht er wieder, der Gute!
Er bricht in fröhliches, jungenhaftes Gelächter aus und entschwindet.
Mastroianni: Evviva!
Fiammetta: Michela, Daniela, kommt, seht euch Marcello an! Nun beugen sich alle zum Fenster hinaus, um Marcello nachzuschauen, der auf dem Hebekran wieder hinabfährt.
Notarianni: Ist das nicht gefährlich?
Fellini: Marcello! Ich muß dir etwas sagen, warte einen Augenblick!

Vor dem Studio 5. Außen. Tag.

Mastroianni: Später, später, später...
Fellini: Wir sehen uns unten!
Mastroianni: All right! Ich warte unten auf dich...
Er kehrt auf seinen Set zurück, wo Bettücher an der Leine flattern und Starlets in weißen Badeanzügen für den Werbespot tanzen, der vor dem Studio gerade gedreht wird.
Fellini ist bei Mastroianni angelangt und mustert sein Kostüm.
Fellini: Ciao, Marcellino, steht dir gut.
Mastroianni: Gefällt's dir? Werbung.
Fellini: Ach, mir bieten sie so etwas nicht mehr an, verflixt...
Auf Rubini deutend fragt er...
Fellini: Kennst du Sergio schon?
Mastroianni: Fellini als Jüngling? Hätte den nicht ich spielen können? Solang ich mich noch auf den Beinen halten kann... nimm's mir nicht übel, ja?!
Fellini: Und das ist Antonella.
Mastroianni: Deine kleine Freundin von damals...
Fellini: Eine meiner kleinen Freundinnen.
Er sieht ein Saxophon am Boden liegen und wendet sich zu Antonella.
Fellini: Ach ja, das Saxophon! Wer hat mir davon erzählt? Ah ja, er war es, er sagt, daß du ausgezeichnet Saxophon spielst! Ich habe da so eine kleine Idee für die Schlußszene, aber das sag ich dir später. (Zu Mastroianni) Hör zu, Marcellino, ein Glück,

daß du gerade hier bist, ich dachte, du bist der einzige, der...
komm mal mit, nur für einen Augenblick. Ihr macht doch
gerade Pause, oder?

Er geht mit Marcello davon, während die anderen plaudernd
stehenbleiben. Eine Schneiderin fragt Antonella...

Schneiderin: Oh, kannst du auf dem Ding da wirklich spielen?
(zu Rubini) Und du spielst auch?

Rubini (bescheiden): Ich klimpere ein wenig darauf herum.

Fellini kommt zurück und ruft zu Millozza hinauf, der oben am
Fenster steht...

Fellini: He, Gino, Gino! Ich fahre jetzt, Marcello begleitet
mich.

Millozza: Ja, aber fahre auch wirklich hin!

Fellini (zu Rubini): Sergio, du kommst auch mit! Ciao, Antonella, erinnere mich daran, ja?! Du wirst sehen, es ist eine tolle
Überraschung.

In den Mercedes, in den die drei einsteigen, wird gerade eine riesige
Azalee im Blumenkübel eingeladen.

Fellini: Nanu!?! Was wollt ihr denn mit diesem Baum? Roberto!

Roberto Mannoni, der Produktionsleiter, steigt in den Jeep.

Mannoni: Ich dachte, ein Blümchen...

Fellini hat sich inzwischen vorwurfsvoll zu Marcello gewandt, der
eine Zigarette raucht.

Fellini: Marcello, bitte, die Zigarette!

Marcello kurbelt resigniert das Fenster hinunter und wirft die
Zigarette hinaus.

Mastroianni: Hatte ich ganz vergessen.

Der Mercedes und der Jeep mit Mannoni und den Japanern fahren
aus Cinecittà hinaus.

Straße. Römische Campagna. Außen. Tag.

Während die beiden Autos über die Landstraßen fahren, geht
zwischen Federico und Marcello der Disput um das Rauchen weiter.

Fellini: Hier kann man ja nicht atmen. Mach wenigstens das
Fenster auf.

Mastroianni: Und ich kann nicht atmen, wenn ich nicht rauche.

Er öffnet das Fenster wieder, um den Rauch hinauszublasen. Sofort kommt der Jeep der Japaner an seine Seite gefahren, und die hübsche Japanerin ruft ihm zu ...

Japanerin: Signor Mastroianni, Ideo sagt, er Ihnen in einer Viertelstunde das Rauchen abgewöhnen.

Mastroianni: Was? Ich habe vierzig Jahre gebraucht, bis ich es geschafft habe, drei Schachteln pro Tag zu rauchen, und das soll ich jetzt alles innerhalb einer Viertelstunde fahren lassen?

Japanerin: Toshiro Mifune, der Schauspieler, hat in einem fort geraucht, Ideo ihn nur hier angefaßt, und er nix mehr rauchen. Jetzt wird er wütend, wenn er eine Rauch sieht!

Mastroianni (zu Sergio): Sag mal, kriegst du auch Krämpfe wie unser Maestro, wenn ich rauche?

Rubini: Nööö ...

Mastroianni: Ah, Gottseidank ...

Rubini: Aber ich halte nichts vom Rauchen. Vom Trinken auch nicht.

Mastroianni: Aber von den Frauen doch wenigstens?

Rubini: O ja, von denen ja, sehr viel. Aber ...

Fellini: Was aber! Aber was?

Rubini: Am allerliebsten hole ich mir einen runter, wenn ich ehrlich sein soll.

Mastroianni (anerkennend): Ah, good solution! Eine Übung, die nicht nur die Konzentration steigert und die Vorstellungskraft anregt, sondern meiner Meinung nach auch einer eventuellen schriftstellerischen Begabung förderlich ist ... ich zum Beispiel ... entschuldigt (er träufelt sich Augentropfen in die Augen) brachte es zu regelrechten Fortsetzungsromanen ...

Rubini: Ah, ja ...

Mastroianni: ... mit immer neuen Romanfiguren, die mir ihrerseits wieder neue vorstellten. »Gestatten, meine Schwester, meine Cousinen ...« »Oh, freut mich, genieren Sie sich nicht ...«

Er blickt aus dem Fenster und sieht, daß das Auto durch eine unbekannte Gegend fährt. Leicht beunruhigt fragt er ...

Mastroianni: Federì, wohin fahren wir eigentlich?

Fellini: Wir sind gleich da, und dann fahren wir sofort wieder zurück ... (zum Fahrer) Hör mal, Piero, bist du sicher, daß du richtig gefahren bist?

Fahrer: Ah, Dottore, so gut kenne ich mich hier auch nicht aus, ich bin nur ein einziges Mal hiergewesen ...

Fellini: Halte mal an und frage den Priester dort.

Er deutet auf einen jungen Priester, der auf einer Vespa aus der Gegenrichtung kommt.

Fahrer: Entschuldigen Sie, Pater, zur Villa Pandora...

Priester: Da seid ihr falsch gefahren...

Fahrer (off): Hab ich's mir doch gedacht! Und wie müssen wir jetzt fahren?

Der junge Priester hat inzwischen staunend bemerkt, daß im Auto jemand sitzt, der geschminkt ist und aussieht wie Mastroianni...

Priester (mit ungläubigem Staunen): Äh... ist das nicht Mastroianni?

Fahrer (gibt beinahe entschuldigend zu): Warum auch nicht?!

Priester: Ihr müßt in die andere Richtung, ich bringe euch hin.

Er steigt wieder auf seine Vespa und fährt vor den beiden Autos her einen kleinen Feldweg, dann eine schmale asphaltierte Straße entlang.

Priester: Gleich sind wir da!

Und wirklich, einige Meter weiter...

Priester: Das hier ist sie. Auf Wiedersehen!

Er fährt winkend weiter, während Fellini mit seinen Begleitern vor einem großen Tor anhält, wo bereits ein Auto parkt. Der Fahrer sagt...

Fahrer: Aha, der Commendatore ist auch schon da.

Er meint Tonino Delli Colli, der ihnen leicht verärgert entgegenkommt.

Delli Colli: Federico, hast du ihr denn nicht gesagt, daß wir kommen? Sie sagt nämlich, daß sie niemanden erwartet und niemanden einläßt...

Fellini: Natürlich ist sie benachrichtigt worden, die Produktion hat...

Hinter der Mauer ist wütendes Hundegebell zu hören.

Delli Colli: Wieviele hat sie wohl von diesen Bestien? Hört euch das Gekläff an!

Marcello ist im Auto eingeschlafen. Tonino betrachtet ihn besorgt.

Delli Colli: Was ist denn mit Marcello, fühlt er sich nicht wohl?

Fellini, der inzwischen ausgestiegen ist, geht auf das Tor zu.

Fellini: Habt ihr gesagt, daß ich hier bin? Geh, laß mich mal probieren.

Er klingelt an der Sprechanlage, und fast augenblicklich ertönt Anitas aufgebrachte Stimme.

Stimme von Anita Ekberg (aus der Sprechanlage): Ich lasse die Hunde los, ich rufe die Polizei!

Fellini: Anita! Ciao, ich bin's, Federico, ich bin mit ein paar Freunden da, könntest du nicht aufmachen, nur für einen Augenblick?

Marcello ist von seinem Nickerchen erwacht und fährt hoch.

Mastroianni: Was ist los, wo sind wir?

Stimme von Anita (aus der Sprechanlage): Federico? Welcher Federico? Was willst du hier, du Lügenmaul! Seit Weihnachten 1981 sagst du, du kämst mich mal besuchen, und jetzt, mein Lieber, mache ich dir nicht mehr auf!

Fellini: Anita, mach das Tor auf, ich habe eine schöne Überraschung für dich! (zu Mastroianni, der sich neben ihn gestellt hat) Sie muß aufmachen...

Mastroianni: Federico, ich muß nach Cinecittà zurück, die warten auf mich!

Fellini: Nur noch zwei Minuten, Marcello, ich bin hier mit Anita verabredet. Ja, ich weiß, ich hätte es dir vorher sagen sollen, aber dann wärst du vielleicht nicht mitgekommen...

Mastroianni: Anita Ekberg?

Fellini: Ja...

Mastroianni: Seit ›Dolce Vita‹ habe ich die nicht mehr gesehen, das ist an die sechsundzwanzig, siebenundzwanzig Jahre her...

Stimme von Anita: Ich mache jetzt auf. Seht euch vor, die Hunde sind furchtbar wild. Bleibt im Auto, ja? Ich mache auf...

Fellini (während er im Auto Platz nimmt): Also los, wir können hinein, sie macht jetzt auf. Aber wir sollen im Auto bleiben, sagt sie.

Alle steigen wieder ein.

Das Tor öffnet sich, und die beiden Autos fahren hinein.

Park und Villa der Ekberg. Außen. Tag.

Drei große gefleckte Doggen stürzen auf die Autos zu und springen knurrend und bellend an den Fenstern hoch.

Fellini: Das sind ja die reinsten Löwen! (Dann ermunternd zu Mastroianni) Versuch du mal, auszusteigen!

Am Eingang der Villa erscheint Anita.

Anita Ekberg: Yoga, komm her! Pandora, Tonga, kommt her! Kommt her, kommt, wir gehen ins Haus!

Die Hunde werden augenblicklich zahm und still und laufen schwanzwedelnd auf die Frau zu, die sich nun gemessenen Schritts den Autos nähert.

Rubini: Da, sie ist es wirklich! Ich bin ganz aufgeregt!

Mastroianni: Wozu Anita nur diese Hunde braucht? Sie sieht umwerfend aus, wie ein Gladiator.

Die schöne, opulente Frau ist in einen weiten orangeroten Bademantel gehüllt. Ein Handtuch derselben Farbe ist turbanartig um ihren Kopf geschlungen. Als sie Fellini erblickt, lächelt sie mit aufrichtiger Freude und beugt sich zum Autofenster.

Anita Ekberg: Federico, es ist also wahr! Du bist es wirklich!

Federico steigt aus und geht mit ausgebreiteten Armen auf sie zu.

Fellini: Welch triumphale Erscheinung... Anita, Schönste, laß dich umarmen.

Anita Ekberg: Welche Freude, dich zu sehen!

Fellini: Ja... aber das Hündchen dort?

Anita Ekberg: Keine Angst, das ist jetzt ganz lieb.

Fellini: Schöne Anita, wie geht es dir?

Anita Ekberg: Umarme mich, ganz fest!

Wieder umarmen sie sich voller Zuneigung und Zärtlichkeit; dann bemerkt Anita, daß noch jemand im Auto sitzt und fragt mit kindlichem Mißtrauen...

Anita Ekberg: Wer ist das denn?

Fellini: Ach, das ist Sergio Rubini, ein junger Schauspieler, der eine kleine Rolle in meinem...

Rubini (steigt aus): Guten Tag, Signora Ekberg.

Fellini: Er sagt, seit er zwölf ist, träumt er immer davon, in Anita Ekbergs Armen zu liegen...

Er schiebt sie einander in die Arme.

Rubini: Stimmt, ja, wirklich, vielen Dank!

Anita Ekberg: Also, dann umarme mich. Du hast ja verdammt früh angefangen...

Fellini: Sergio, willst du sie gar nicht mehr loslassen?

Anita Ekberg: Wer ist denn da noch im Auto?

Fellini: Rate mal.

Marcello, der nun in seinem Mandrake-Kostüm ebenfalls ausgestiegen ist, grüßt burschikos...

Mastroianni: Et voilà!

Anita Ekberg (aufgeregt, strahlend): Nein! Was für eine Überraschung!

Sie läuft auf ihn zu.

Anita Ekberg: Noch so ein Lügenmaul!

Fellini: Oh ja, das ist er!

Anita Ekberg: Marcello! Als Mandrake bist du viel schöner!

Fellini zitiert den Slogan aus dem Werbespot, in dem Marcello als Mandrake auftritt.

Fellini: Smak-Smak-Smacchia tut...

Der Produktionsphotograph fragt...

Photograph: Signora, erlauben Sie?

Und er beginnt zu knipsen, während die anderen aus dem Jeep aussteigen und näherkommen.

Anita untersucht Marcellos Hals und Gesicht.

Anita Ekberg: Einen Moment mal, wo sind denn die Narben?

Mastroianni: Welche Narben?

Anita Ekberg: Es war also gelogen! Ich habe nämlich gehört, daß du dich mindestens dreimal hast liften lassen!

Mastroianni (lachend): Ach was, so weit sind wir noch nicht! Das hat noch Zeit... wenn es mal auf die Achtzig zugeht; bis dahin haben wir aber noch ein paar Jährchen, nicht wahr?

Anita Ekberg: Nun ja, viel fehlt nicht mehr!

Photograph: Umarmt euch noch einmal! Mastroianni, bitte umarmen Sie die Signora...

Anita wendet sich zu ihren Gästen.

Anita Ekberg: Liebe Freunde, ich habe nur einen guten Wein und geröstete Kastanien im Haus...

Mastroianni: Was gibt es Besseres?

Anita Ekberg: Okay? Gehen wir hinein? Gehen wir!

Fellini: Die Signora lädt uns ein...

Anita Ekberg: Marcello, komm...

Sie hakt sich bei ihm unter und geht auf das Haus zu.

Fellini: Gehen wir. Na, kleiner Sergio...

Rubini: Und wie nett sie ist!

Anita Ekberg: Herr Regisseur, gefällt dir mein Landgut?

Fellini: Wir sollten jedes Wochenende herkommen!

Rubini: Heute trinke ich auch Wein.

Anita Ekberg: Von oben, bei schönem Wetter, sieht man das ganze Meer, das solltest du mal sehen!

Mastroianni: Ach ja, das Leben auf dem Lande ... Immer reden wir davon, aber dann ... (leise zu Anita) Darf ich rasch mal telephonieren, Anita?

Anita Ekberg: Kommt herein, bitte sehr!

Sie treten alle in die Villa, auch die Japaner und Mannoni, der die riesige Azalee vor sich herträgt. Während sie ins Haus gehen, unterhalten sich die Japaner miteinander, und die Dolmetscherin übersetzt.

Japanerin: Er sagt, in Japan gibt es solche Frauen nicht. Das ist wahr!

Living Room in der Villa der Ekberg. Innen. Tag.

Anita Ekberg: Setzt euch, wohin ihr wollt ...

Fellini: Ah, ein Feuerchen im Kamin!

Anita Ekberg: Werft die Schalen nicht auf den Boden.

Mastroianni (zu Rubini): Hier würdest du auch gerne wohnen, was?

Fellini: Tut, als ob ihr zu Hause wärt ...

Anita Ekberg: Fein, Giovanna, biete die Kastanien an ...

Giovanna (zur Japanerin): Do you like them?

Anita Ekberg: Weißt du, Giovanna ist eine gute Freundin von mir.

Giovanna: Vorsicht, sie sind glühendheiß ...

Anita und Marcello sind an die Hausbar neben der Küche getreten.

Anita Ekberg: Da, du kannst auch etwas tun, mach die Flaschen auf! (senkt die Stimme) Bin gleich wieder da ... (entfernt sich)

Delli Colli sagt zu Fellini ...

Delli Colli: Sie ist immer noch eine schöne Frau ...

Fellini: Was?

Delli Colli: Ich sage, sie ist immer noch sehr schön.

Fellini: Schön? Sie ist ein Mythos!

Giovanna: Die hier sind perfekt geröstet; besser kann man es nicht machen ...

Tonino nimmt die beiden Teller mit Kastanien für sich und Federico entgegen.

Delli Colli (zu Fellini): Willst du?

Fellini: Ah, Kastanien! Aber sag mal, Kastanienmehl macht man wohl nicht mehr? Weißt du noch damals, als wir klein waren ...?

Haushälterin (zu Mastroianni): Von dir habe ich heute nacht geträumt, Mastroianni, weißt du, ich bin aus der Ciociaria, genau wie du!

Mastroianni: Wo bist du denn geboren?

Haushälterin: In Ferentino.

Mastroianni: Ferentino!

Rubini ziert sich ein wenig, als Giovanna ihm Wein einschenken will.

Giovanna (insistierend): Das ist ein ganz leichter Wein, fast eine Medizin!

Die Gäste schwatzen vergnügt.

Marcello hat endlich ein Telephon gefunden und spricht in die Muschel...

Mastroianni: Wo ich bin? Ja weißt du denn nicht, wo ich bin? Im Krankenhaus!

Anita tritt wieder ins Zimmer, in einem schulterfreien Wickelkleid, das lange blonde Haar gelöst. In den Armen hält sie weitere Weinflaschen. Sie hat gehört, was Marcello am Telephon daherfaselt, und kann es sich nicht verkneifen zu sagen...

Anita Ekberg: Uff! Im Krankenhaus! Wie bringst du es nur fertig, so zu lügen? Mach lieber die Flaschen auf!

Mastroianni: Ja.

Anita Ekberg: Na mach schon!

Ideo massiert währenddessen kräftig den Hals von Antonello, der kleine Wehlaute von sich gibt. Marcello und Anita stehen etwas abseits von den anderen. Marcello sieht Anita voller Zuneigung an und wirft ihr ein zärtliches Küßchen zu.

Mastroianni: Du bist immer noch wunderschön, Anita.

Er macht sich gerade daran, eine der Flaschen zu entkorken, als er die Japanerin seinen Namen rufen hört.

Japanerin: Signor Mastroianni, Ideo sagt, er sie auch massieren... damit Sie mit dem Rauchen aufhören...

Mastroianni: Wollt ihr denn endlich begreifen, daß nicht die Raucher lästig sind, sondern die Nichtraucher?

Japanerin: Es wird Sie verjüngen, denken Sie doch an Ihre japanischen Verehrerinnen...

Der Interviewer und Masseur sagt irgend etwas in seiner Sprache.

Mastroianni: Was sagt der Zauberkünstler dort?

Er fügt sich dem Wunsch des Japaners und legt sich auf den Boden.

Anita Ekberg: Nur Mut!

Mastroianni: Wenn es klappt, bringe ich ihn vor Gericht, das schwöre ich euch!

Japanerin (warnend): Es ist gefährlich, wenn es nicht von Meisterhand gemacht wird...

Giovanna: Er wird Ihnen den Rauch durch die Ohren austreiben!

Mastroianni: Kinder, ich habe jetzt schon Entzugserscheinungen!

Anita, die aus der Höhe ihrer stolzen, stattlichen Gestalt auf ihn herabblickt, meint ironisch...

Anita Ekberg: Ob du es nachher schaffst, wieder hochzukommen?

Mit den Händen reibt und drückt der Japaner Mastroiannis Sonnengeflecht, während er vor sich hinspricht. Die Japanerin dolmetscht.

Japanerin: Signor Mastroianni, wenn er die Hände von Ihrem Bauch nimmt, dann müssen Sie »hen!« sagen.

Mastroianni: Hen...

Japanerin (übersetzt, was der Japaner sagt): Lauter!

Mastroianni: Heeeennnn!!!

Japanerin: Und wenn er jetzt Ihre Nase losläßt, müssen Sie »hung« sagen!

Mastroianni: Huuunnnggg...

Hinter Anita, die über Marcello gebeugt das Experiment beobachtet, hört man Rubini flüstern, der mit der Miene des Frauenkenners den Umstehenden erklärt...

Rubini: Ach, wissen Sie, bei so einem Typ von Frau muß man...

Anita dreht sich mißtrauisch und neugierig zu ihm um.

Anita Ekberg: Muß man was?

Rubini (verlegen): Ach nichts, nichts...

Mastroianni: Und jetzt habe ich mir wirklich eine Belohnung verdient!

Noch auf dem Boden liegend, steckt er sich eine Zigarette in den Mund.

Japanerin (mit gespielter Entrüstung): Aber Signor Mastroianni!

Anita Ekberg (spöttisch): Ein toller Erfolg!

Mastroianni: Lieber Ideo, tut mir leid, Ihre Erwartungen so enttäuscht zu haben... (steht auf) aber bedenken Sie doch, was aus mir geworden wäre, wenn es geklappt hätte!

Dann wendet er sich wie ein Showmaster an alle Anwesenden.

Mastroianni: Und nun, liebe Freunde, möchte ich mit eurer Erlaubnis ein kleines Zauberstück zu Ehren unserer geliebten und verehrten Gastgeberin vorführen.

Er nimmt Stock und Zylinderhut...

Mastroianni: Mit diesem Stöckchen, eins, zwei, drei, ruf ich die schöne alte Zeit herbei...

Beschwörend schwingt er den Stock, und augenblicklich beginnt das Zimmer sich mit Rauch zu füllen, in welchem sich ein weißes Tuch entfaltet und zu einer Filmleinwand ausbreitet.

Mastroianni (leise, mit verklärter Miene): Music...

In der andächtigen Stille, die sich über den Raum gesenkt hat, erklingt das zauberhafte Leitmotiv von »La Dolce Vita«. Tänzelnd verschwindet Marcello hinter der weißen Leinwand, auf der nun der Schatten Anitas erscheint und sich tanzend dem Schatten Marcellos nähert. Die beiden Schattengestalten wiegen sich sanft im Rhythmus der Musik. Wie durch Zauberkraft verwandeln sie sich plötzlich in Filmbilder, und Marcello und Anita, beide blutjung, tanzen zusammen in der berühmten Night-Club-Sequenz aus »La Dolce Vita«.

Marcello und Anita verfolgen, an der Hausbar sitzend, die Filmszene, und blicken einander mit leichter Betroffenheit an.

Von der Leinwand hören wir den Filmdialog...

Mastroianni: Wer bist du? Du bist eine Göttin, du bist die Mutter, das tiefe Meer, das Zuhause, du bist Eva, die erste Frau, die auf Erden erschien...

Marcello spricht mit träumerischem, nostalgischem Gesichtsausdruck die altbekannten Sätze kaum hörbar mit. Und im gleichen entrückten Ton fährt er fort...

Mastroianni: Wie viele Fragen möchte ich dir noch stellen, Anita, zum Beispiel, ob du... nicht einen kleinen Grappa für mich hättest?

Anita, die ihm gespannt und gerührt zugehört hat, stutzt einen Augenblick und bricht dann in schallendes Gelächter aus.

Anita Ekberg: Oh, Marcellino, du kannst mich mal...

Mastroianni: Bring mich nicht zum Lachen, sonst fällt mir der Schnurrbart ab!

Er drückt das Bärtchen mit Daumen und Zeigefinger fest und kichert mit zusammengepreßten Lippen.

Anita Ekberg: Ja, du kriegst deinen Grappa, und ich brauche jetzt auch einen...

Während auf der Leinwand die Sequenz aus »La Dolce Vita« weiterläuft, kehrt Anita mit zwei Schnapsgläsern in der Hand zu Marcello zurück. Sie hat Tränen in den Augen. Marcello zwinkert ihr verständnisvoll und aufmunternd zu. Seite an Seite sehen sich die beiden nun die Szene an, in der Anita im Trevi-Brunnen steht und Marcello auffordert, zu ihr zu kommen. Marcello steht vom Brunnenrand auf und steigt ins Wasser, während er Worte vor sich hinspricht, die wir nicht hören. Er geht auf Sylvia zu, die vor dem schimmernden Wasserfall bewegungslos auf ihn wartet. Marcello sieht sie stumm und hingebungsvoll an. Anita fängt mit den Fingerspitzen ein paar Wassertropfen auf und läßt sie sanft und feierlich auf Marcellos Stirn gleiten, wie zu einer heidnischen Taufe, während das erste Licht der Morgendämmerung auf den großen, nun still daliegenden Brunnen fällt. Der Zuschauer Marcello, der an der Hausbar lehnt, bemerkt tiefe Ergriffenheit in Anitas Gesicht. Er schwingt den Mandrake-Stock, und der Zauber löst sich in einer Rauchwolke; die Leinwand verschwindet.

Alle applaudieren begeistert. Marcello stößt mit Anita an und streichelt sie zärtlich.

Dann verbeugt er sich wie ein Theaterschauspieler vor den immer noch klatschenden Zuschauern und deutet auf Anita, die unter Tränen lächelt.

Park/Villa der Ekberg. Außen. Nacht.

Nach und nach schwindet das Licht, und unter dem nächtlichen Sternenhimmel sinkt Anitas Villa in tiefe Dunkelheit, in der gerade noch die imposanten Silhouetten der drei Hunde zu erkennen sind, die reglos und wachsam dasitzen.

Studio 14 in Cinecittà. Innen. Künstliches Licht.

Einige Bühnenarbeiter schieben eine fahrbare Bühne, auf der diverse Möbelstücke und andere Einrichtungsgegenstände herumstehen. Fellini ruft ins Megaphon...

    Stimme von Fellini: Vorwärts mit der Bude! Jawohl, Menicuccio, weiter vor, langsam, ohne zu wackeln... dort rüber, ja so, noch ein Stück nach vorn, ich sage euch, wenn ihr stehenbleiben sollt... ein kleines Stückchen noch... und noch ein bißchen...

Dann ertönt die Stimme von Maurizio.

Maurizio (aus dem Off ins On): Wir befinden uns hier im Studio 14, wo wir eine der wichtigsten Sequenzen drehen wollen...

Ein Bühnenarbeiter stößt ihn mit einer Leiter an.

Bühnenarbeiter: Oh, Maurizio, entschuldige, einen Augenblick!

Maurizio: ...nämlich die Probeaufnahmen von den... äh... den Personen aus »Amerika«, Kafkas »Amerika«...

Menicuccio kümmert sich höchstpersönlich um die Aufstellung der fahrbaren Bühne.

Maurizio: Haaalt!

Im Studio wird es taghell. Maurizio fährt fort...

Maurizio (aus dem Off ins On): Probeaufnahmen also... wir wollen zeigen, was es heißt, eine Probeaufnahme zu machen; warum man sich für dieses und nicht für jenes Gesicht entscheidet, was photogen sein bedeutet, worin das Geheimnis der Photogenität besteht, warum ein Typ photogen ist und der andere nicht...

Während Maurizio spricht, filmen die Japaner mit ihrer Fernsehkamera die fieberhaft arbeitenden Dekorateure und Bühnenarbeiter, die den Set fertig machen.

Stimme von Fellini: Danilo?! Wo ist Danilo? Er soll sofort kommen... das Grammophon auf den Tisch, obendrauf!

Donati (zu seinen Leuten): Das Grammophon, wird's bald?!

Stimme von Fellini: ...vorne hin!

Donati: ...stelle es dorthin, wo der Dottore sagt!

Stimme von Fellini: Danilo, kannst du einen Augenblick runterkommen? Danilo!

Donati: Hier bin ich, Federico!

Stimme von Fellini (zu einem Bühnenarbeiter): Jetzt drehst du den Spiegel so, daß sich die Zehntausenderlampe darin spiegelt...

Der Bühnenarbeiter dreht weisungsgemäß am Toilettenspiegel.

Stimme von Fellini: Gut so...

(Musik aus den Vierziger Jahren)

Es ist Rubini, der auf dem Klavier spielt. Danilo gibt seinen Assistentinnen Anweisungen.

Donati: Den Saum mußt du neu nähen!

Schneiderin (sehr nervös): Lassen Sie mich, heute habe ich meinen schlechten Tag...

Donati: Jolanda, die Schleppe! (auf Fellini zugehend) Federico, was sagst du zu den Schränken? Hast du sie noch nicht gesehen?

Fellini: Doch, ich hab sie gesehen, Danilo, natürlich habe ich sie gesehen! Schön sind sie, schön!

Donati (enttäuscht): Bah!

Antonella spielt temperamentvoll auf dem Saxophon. Rubini, der am Klavier sitzt, gibt ihr den Takt an...

Rubini: Eins, zwei... eins, zwei, drei...

Gemeinsam beginnen sie den berühmten Charleston »Lola-Lola« zu spielen.

Stimme von Fellini (zufrieden): Ah, gut Sergio, bravo! Und jetzt tanzt ihr alle Charleston... Maria Teresa, die andere Dame und alle anderen, tanzt nach der Musik! Und arbeitet dabei weiter... du auch, Nello, los, tanze! Und dabei schiebst du die Badewanne bis ans Gerüst...

Alle tanzen, die beleibten Anwärterinnen auf die Rolle der Brunelda ebenso wie die Arbeiter und Beleuchter.

Stimme von Fellini (anfeuernd): Ja, weiter so, Ceccacci! Bravo, so ist es gut! Spielt weiter, weiter, spielt weiter!

In einer Ecke steht plaudernd das Produktionsteam.

Millozza: Die beste wäre vielleicht die Ekberg gewesen, aber die hat er nicht mal gefragt...

Stimme von Fellini: Maurizio... jetzt tanzt du langsam rüber in die Maske... Kommen Sie weiter nach vorn, Signora, näher zur Kamera... lächeln! Weiter vor, Maria Teresa...

Während einige der als Brunelda kostümierten Kandidatinnen ausgelassen tanzen, redet der Assistent mit dem traurigen Blick beschwichtigend auf Nadja ein, die mürrisch und mißmutig vor den Spiegeln in der Maske sitzt.

Assistent mit dem traurigen Blick: Weißt du, die Geschichte nimmt eine bestimmte Wendung... und dann ist es auch der Film selbst, der in eine andere Richtung will, und du merkst, daß bestimmte Szenen, bestimmte Figuren gar nicht mehr zu der Geschichte gehören, so wie sie sich entwickelt....

Nadja zuckt mit den Schultern. Vor den anderen Spiegeln sitzen weitere Brunelda-Kandidatinnen.

Friseuse (prahlerisch): Fellini hat gesagt, daß er von mir auch eine Probeaufnahme für die Brunelda machen will. Warum auch nicht? Sieht sie mir etwa nicht ähnlich? Ein kräftiger, fülliger Typ...

Stimme von Maurizio: Wieviele junge Männer haben wir uns für die Rolle des Karl angesehen! Wir haben in Schulen, Akademien, christlichen Vereinen und im Konservatorium gesucht... Fellini wollte ein zartes, durchgeistiges Gesicht, das zugleich aber auch Lebensfreude ausdrücken soll, denn der Protagonist des Romans von Kafka...

Währenddessen sehen wir, wie Fellini einigen Knaben, die als Karl gekleidet und geschminkt sind, Erläuterungen gibt.

Stimme von Fellini: Schaut her, ich möchte, daß ihr alle die gleichen Bewegungen macht. Wenn ich sage: »steht auf«, dann steht ihr auf. Also, steht auf... ja, ja, kommt her... macht alle die gleichen Gesten, alle gemeinsam, zupft an der Quaste, streicht die Weste glatt, fahrt euch mit der Hand durchs Haar; und lächeln, in die Kamera blicken... (dann leiser) Nadja, rufe Maurizio! Nadja, rufe Maurizio! Maurizio, dreh dich um, dreh dich zu Nadja um...

Maurizio dreht sich zu dem Mädchen um.

Maurizio: Was ist...!?

Nadja: Hör mal zu!

Maurizio (off): Was willst du denn?

Nadja: Komm her... Was soll ich eigentlich hier, hä?

Maurizio hat sich mit resignierter Miene neben sie gekniet.

Maurizio: Was du hier sollst...? Man hat dich herbestellt, und jetzt bleibst du hier und wartest, er wird es dir schon noch sagen...

Nadja: Fragt sich nur, wann. Diese »Cinecittà-Fee« braucht doch auch ein Kleid, oder? Wann soll ich es anprobieren?

Maurizio: Fee? Von Fee hat er nichts gesagt.

Nadja: Fee, Vestalin, was auch immer...

Maurizio steht auf und geht weg.

Maurizio: Nello! Warte mal!

Nadja (versucht ihn festzuhalten): Lauf doch nicht weg!

Stimme von Fellini: Alle auf die Bühne, schnell!

Assistent mit traurigem Blick: Sie wirken ein wenig enttäuscht, Nadja!

Nadja: Wie dumm von mir, mich auf euch einzulassen!

Assistent: Du hast ja recht... Aber wenn ich dir einen Rat geben darf: warte ab, hab Geduld...

Nadja: Ach, geh doch, geh! Ihr seid alles große Schwätzer!

Assistent: Der ist nicht zu helfen!

Bühne für die Probeaufnahmen. Innen. Tag.

Nun stehen die Kandidatinnen auf der fahrbaren Bühne, die als pittoreskes Schlafgemach dekoriert ist.

Maurizio: Fellini, mit wem wollen Sie anfangen?

Stimme von Fellini: Ich weiß auch nicht! Vielleicht mit der Dame, die heute morgen geweint hat, wie heißt sie doch gleich? Chiara?

Maurizio: Ach, Ambra...

Stimme von Fellini: ...ja, genau, Ambra, sie soll sich auf den Sessel setzen.

Maurizio (zu Ambra): Setzen Sie sich auf das Kanapee...

Die Signora setzt sich.

Stimme von Fellini: Guten Tag, Signora, Sie wissen über die Rolle Bescheid, nicht wahr?

Ambra: Nun ja, das, was Sie mir gesagt haben...

Stimme von Fellini: Sie ist Sängerin, mit schwellenden Formen... eingebildet, kindisch, gefräßig und neigt dazu, sich als Opfer zu fühlen, klagt und jammert ständig...

Ambra ist bereits in die Rolle geschlüpft, fächelt sich Luft zu und stöhnt...

Ambra: Eine Hitze ist das!

Maurizio: Wir machen gerade Probeaufnahmen von den Kandidatinnen für den Part der Brunelda.

Eine andere Kandidatin, ebenfalls im Kostüm der Brunelda, steht wartend da.

Stimme von Fellini: Gebt der anderen auch einen Fächer, oder haben wir nur den einen?! Gut, und jetzt sollen die zwei Delamarches auf die Bühne, alle beide.

Zwei junge Männer, die als Delamarche gekleidet und geschminkt sind, steigen auf das Podium.

Stimme von Fellini: Gut, und jetzt schaut dort hinüber, grüßt, und der Junge hier, wie heißt er, wie heißt der Junge, sagt mir doch seinen Namen!

Maurizio: Cruciani...

Stimme von Fellini: Also, Cruciani, du ißt jetzt deine Sardinen, und du... wie heißt der Delamarche hier? Der erste, ah ja, Carniti; Carniti, du blickst auf die Kamera, lächelst der Signora zu, auch den anderen beiden, die da drüben warten; dann streichst du dir sorgfältig den Schnurrbart glatt... ja, gut, und jetzt schaust du in die Kamera, und jetzt hebst du die Hand, streichst dir übers Haar, schau doch in die Kamera, und lächeln... verführerisch... ein bißchen schurkischer...

Die Darsteller folgen gutwillig seinen Anweisungen.

Stimme von Fellini: Ja, ja, Cruciani, ich weiß, daß du Sardinen nicht magst, du hast es mir gesagt, aber die Rolle verlangt es so, er ißt immer Sardinen... Tonino, geh hinauf zu Cruciani, ja, gut so, und nun, Signora, lassen Sie sich zur Badewanne tragen, der Dingsda, wie heißt der andere, ja, der Carniti, er soll mithelfen, ihr schleppt sie zusammen rüber, wie eine riesige Puppe, legt sie in die Wanne, ja, so ist's gut, und du iß weiter deine Sardinen, sag deinen Satz, sag den Satz zu Karl, laß dir das Öl in die hohle Hand tropfen, tauche das Brot hinein, gieriger, und jetzt schleckst du dir die Finger ab... richtig lüstern mußt du aussehen, wenn du die Sardinen ißt, du bist verrückt auf Sardinen, ja, nimm dir noch eine, gut so, bravo, Cruciani...

Maurizio führt an der Hand die üppige blonde Schönheit herein, die er selbst in der U-Bahn entdeckt hat.

Stimme von Fellini: Ah, da ist ja die schöne Roberta, ist die Angst vergangen?

Roberta: Ja, ja, sie ist weg, danke.

Stimme von Fellini: Also, den Text sage ich dir vor, keine Sorge, lächle, schau geradeaus... geradeaus, ja, so ist es gut...

Dann wendet er sich an die beiden Delamarches, die dabei sind, die andere Kandidatin zu baden.

Stimme von Fellini: Nur zu, ihr beiden, streichelt sie, ja, und du Cruciani, schau in die Kamera, schleck dir die Lippen, wie ein Hund, voller Gier (wieder zu der Blondine) ja doch, wie ich Ihnen gesagt habe, gefräßig, arrogant, eingebildet, kindisch...

Hinter dem Set taucht das japanische Fernsehteam auf.

Stimme der Japanerin: Signor Maurizio, entschuldigen Sie, dürfen wir hierbleiben?

Maurizio: Geht ein Stück zurück, die Lampe stört. Fellini, dürfen die Japaner hier filmen?

Der Japaner fragt etwas auf Japanisch.

Stimme der Japanerin (übersetzt): Signor Fellini, nur eine Frage noch: werden Sie Kafkas Amerika in Amerika drehen?

Doch Fellini gibt keine Antwort, sondern fährt fort, den Darstellern zu sagen, was sie zu tun haben.

Stimme von Fellini: Und jetzt macht ihr die Studiotür da hinten auf, und du, Michel, schiebst den Rollstuhl; Sie, Signora, strecken die Hand unter der Decke hervor, ja, winken Sie; bleibt an der Tür stehen, gut, jeder auf einer Seite... und jetzt hinaus... Michel, was ist denn los, schieb weiter, Kleiner!

Das große Eingangstor zum Studio öffnet sich auf die menschenleeren Wege Cinecittàs. Das Wetter hat sich eingetrübt, und im düsteren Licht schiebt einer der jungen Männer langsam den Rollstuhl hinaus.

Vor dem Studio. Außen. Tag.

In der Ferne am bleiernen Himmel grollt der Donner. Auf einem ungepflegten, öden Gelände von Cinecittà sind zwei Reihen Scheinwerfertürme aufgestellt worden.

Bühnenarbeiter Nello: Dottore, ich helfe ihm, der Kleine schafft es nicht allein!

Stimme von Fellini: Nett von dir, Nello, hilf ihm... Und stellt die Figuren dort auf! Vorwärts mit dem Rollstuhl!

Der Rollstuhl ist in einem Erdloch steckengeblieben. Bühnenarbeiter schleppen die lebensgroßen Photographien herbei und befestigen sie unten an den Türmen. An einem der Gerüste stehen Nadja und Maurizio und unterhalten sich.

Nadja: Und was macht ihr jetzt?

Maurizio: Wir machen mit den Probeaufnahmen weiter, wenn du gestattest... Das hier ist die amerikanische Straße, auf der Karl Brunelda im Rollstuhl zum Bordell schiebt...

Nadja (neugierig lächelnd): Zum Bordell? Wo ist denn das Bordell?

Maurizio: Woher soll ich wissen, wo das Bordell ist...

Weiter vorn blicken Fellini und Tonino unschlüssig zum trüben, wolkenverhangenen Himmel hinauf.

Delli Colli: Ich hab gestern schon gewußt, daß es so kommen würde...

Fellini: Aber die Atmosphäre ist genau richtig, das Licht ist so, wie ich es haben wollte; aber es liegt ganz bei dir...

Nadja (zu Maurizio): Ihr hattet doch gesagt, ich würde am Ende des Films in einem Friedhof auftreten, inmitten der Grabsteine verstorbener Stars! Und würde als Vestalin allnächtlich alte Filme großer Schauspielerinnen von früher vorführen? Und das wird jetzt gar nicht gemacht?

Maurizio: Nein, es wird nicht mehr gemacht, Nadja.

Und tatsächlich sehen wir, wie die Arbeiter ganz in der Nähe den kleinen Friedhof aus Pappmaché wieder abbauen.

Nadja: Wäre aber hübsch gewesen...

Maurizio: Hübsch wäre es gewesen, aber auch ein bißchen makaber. Da, das sind die Grabsteine, das war der Friedhof. Wir haben es uns eben anders überlegt.

Der Bühnenarbeiter Nello deutet auf einen der Styroporgrabsteine, den er sich unter den Arm geklemmt hat, und ruft fröhlich...

Nello: Maurizio! Der hier gleicht dir aufs Haar! Ich glaubte, das seist du!

Plötzlich hört man einen Knall: auf einem der Türme haben die ersten Regentropfen einige Lampen zum Platzen gebracht.

Stimme von Delli Colli: Hoppla! Ausschalten! Sonst fliegt alles in die Luft!

Maurizio (sardonisch grinsend): Gleich wird es schütten! Der da oben liebt uns, in einer Viertelstunde können wir alle nach Hause gehen!

Fellini: Was nun, Tonino?

Delli Colli: Warten wir ab, Federico; ist ja nicht gesagt, daß es schlimmer wird. Das Licht ist allerdings schlecht.

Während es immer finsterer wird und immer stärker regnet, brüllen auf den Türmen die Arbeiter aufgeregt durcheinander.

Stimme des Leiters der Komparserie: Dottore, dürfen die Leute sich unterstellen?

Stimme von Fellini: Moment mal, lauft nicht alle weg! Maurizio, hol sie zurück, hol sie zurück, Maurizio, sie sollen zurückkommen!

Doch mittlerweile läuft die ganze Crew kreischend und schreiend davon, um irgendwo Schutz vor dem Regen zu suchen.

Maurizio: Halt! Alle hierbleiben! Bleibt auf euren Plätzen!

Zwei Bühnenarbeiter haben einen alten Sonnenschirm gefunden und rufen aufgeregt wie kleine Kinder...

Bühnenarbeiter: Daniela, Daniela, komm her, hier kannst du dich unterstellen!

Der Regen wird immer heftiger. Ein paar Männer schleppen einen improvisierten Unterstand aus Holzstangen und durchsichtigen Plastikplanen herbei.

Maurizio: Vorwärts mit dem Ding, bringt es hierher! Nadja, lauf, stell dich unter!

Eine ganze Schar schlüpft unter das Plastikdach, das von vier Arbeitern getragen wird.

Maurizio: Kommt mit, los, macht schnell! Dort hinüber, zu den Gerüsten! Sind keine Bänke da? Lauft zum Lastwagen und holt die Bänke!

Und schon werden die Bänke herbeigebracht.

Maurizio: So, jetzt könnt ihr euch setzen, los, setzt euch!

Die improvisierte Hütte wird am Boden abgesetzt, und alle drängen sich darunter, die einen stehend, die anderen auf den Bänken sitzend, während das Wasser auf das Plastikdach prasselt.

Maurizio: Tonino! Hier sind wir! Komm zu uns, stell dich unter und spiele nicht den Helden! Komm her!

Delli Colli schlüpft unter das Regendach, unter dem bereits fröhlich geplaudert, gelacht und gescherzt wird...

Rubini und Antonella haben zusammen mit einigen anderen im Laderaum des Lastwagens Schutz gesucht und spielen einen Charleston.

Der Regen peitscht auf Scheinwerfer, Türme, auf das Holzgerüst mit der Plastikplane, unter welcher Danilo nun einen improvisierten Chor dirigiert.

Donati: Also, seid ihr soweit? Los geht's! (singt) Bora, bora, oh... Bora, bora, oh...

Einige fallen in den Gesang ein; andere klatschen in die Hände und skandieren den Namen der schönen Blondine Roberta.

Stimmen: Ro-ber-ta! Ro-ber-ta!

Stimme von Fellini: Was ist denn hier los?

Roberta: Keine Ahnung, auf einmal haben sie es mit mir!

In einer anderen Ecke mault Nadja...

Nadja: Nein, das mache ich nicht mit!

Notarianni: Nein, nein!

Delli Colli: Herrje! Das kann ja bis in die Nacht dauern!

Eine üppige Brünette, die sich in ein gelbes Wachstuch gehüllt hat, wendet sich scherzend an Tonino.

Brünette: Commendator Tonino, sag dem Danilo, wie gut die Carbonara war, die du damals bei mir gegessen hast!
Delli Colli: Wie bitte? Wann hast du mich jemals eingeladen?
Die Frau lacht. Das Rauschen des Regens wird lauter.
Eine Stimme: O je, es tropft ja schon durchs Plastik!
Donati (zu Tonino): Wenn du mal nach Murelle kommst, dann zeige ich dir, was eine richtige Carbonara ist! Keiner weiß, wie sie sein muß!
Delli Colli: Das sagst du schon seit drei Jahren!
Donati: Komm nur erst nach Murelle, dann wirst du schon sehen!
Alle plaudern miteinander, machen Pläne, lachen und schwatzen, erzählen von ihrer Arbeit und ihren Erlebnissen, in ausgelassener, fröhlicher Stimmung, wie in einem Ferienlager. Draußen ist es beinahe Nacht geworden. Die Fenster der großen Wohnhäuser in der Umgebung von Cinecittà sind erleuchtet.
Im Schein der aufleuchtenden Blitze sehen wir große Pfützen, auf die der Regen peitscht. Das Gelände ist überschwemmt.
Im Laderaum des Lastwagens haben Antonella, Sergio und Kompanie eine Jam-Session improvisiert.
Im Brausen des Gewittersturms taucht plötzlich, einem Irrlicht gleich, ein schwankender Lichtschein in der Finsternis auf und nähert sich dem Unterstand. Eine Stimme ruft aus der Dunkelheit...
Stimme: Es gibt Kaffee!
Und tatsächlich bringt jemand unter einem Regencape, unter dem er auch die Lampe birgt, eine Thermoskanne mit Kaffee zu den »Belagerten« herein, die ihn mit Freudengeschrei und Applaus empfangen. Im feuchtwarmen, schützenden Dunkel der Plastikhütte werden Täßchen und Gläser herumgereicht, während Antonella, Sergio und die anderen draußen im Lastwagen, um den der Sturm tobt, fröhlich weitersingen.

Einige Stunden sind vergangen. Alle warten nun stumm auf das Ende des Unwetters, und während sie warten, geht die Nacht zu Ende. Aus der Ferne ertönt ein widerhallender Ruf.
Eine Stimme: Es wird Tag!
Menicuccio, der auf der Bank vor sich hindöst, fährt hoch und wendet sich zu dem neben ihm sitzenden Millozza.
Menicuccio (ernst): Es wird hell, jetzt, glaube ich, werden sie angreifen.

Er steht auf und tritt an den Eingang des Unterstands, um hinauszuschauen.

Über der Kuppe eines kahlen Hügels, der sich gegen das fahle Licht der Morgendämmerung abzeichnet, fällt eine Feuerkugel zur Erde herab, wo sie liegenbleibt und weiterbrennt.

Menicuccio (off): Da, sie kommen!

Vor dem milchig-weißen Himmel taucht, feindselig und bedrohlich, ein ganzer Wald von langen, spitzen Stangen auf, die im Morgenwind leicht schwanken. Sie sehen aus wie Fernsehantennen, doch es sind die Speere einer Horde von Indianern zu Pferde, die nun in einer langen Reihe auf dem Hügelkamm erscheinen und auf das Zeichen zum Angriff warten. Ihr Häuptling, dessen Kopf große weiße Federn schmücken, stößt den Kriegsruf aus, auf den hin Pferde und Reiter mit schrecklichem Geschrei den Hang hinabstürmen und auf die Plastikhütte zugaloppieren. Drinnen teilt Menicuccio alte Gewehre aus.

Menicuccio: Da, nimm, ist schon geladen!

Aufnahmeleiter (stolz): Es wird ihnen nicht gelingen!

Andere schultern die Gewehre und feuern die ersten Schüsse ab, um den Angriff abzuwehren. Menicuccio stürzt hinaus und brüllt...

Menicuccio: Ihr werdet es nicht schaffen!

Doch ringsherum führen die Rothäute mit ihren Antennen-Speeren bereits wilde Siegestänze auf, bis Fellinis Stimme ihnen Einhalt gebietet.

Stimme von Fellini (durchs Megaphon): Halt! Gut so, Stopp!

Indianerhäuptling: Haben wir's gut gemacht, Maestro? Hat es Ihnen gefallen?

Stimme von Fellini: Ja, ihr wart prima, danke, ausgezeichnet.

Maurizio läuft den weiter entfernten Reitern entgegen, winkt mit den Armen und ruft...

Maurizio: Ende! Aus!

Indianerhäuptling (zu Maurizio): Wie war's, Dottore?

Maurizio: Was weiß ich, wie es war! Stop, hat er gesagt.

Indianerhäuptling: Sollen wir morgen wiederkommen?

Maurizio: Ich sage doch, wir sind fertig, fertig!

Auf dem großen, schlammigen Platz, wo der Kampf stattgefunden hat, steigen die als Rothäute verkleideten Komparsen von ihren Pferden und tauschen Abschiedsgrüße und gute Wünsche aus.

Stimmen: Frohe Weihnachten!

Maurizio: Ja, ja, frohe Weihnachten, frohe Weihnachten! (dann ins Walkie-Talkie) Hallo, Gino, hörst du mich? Ich bin's, Maurizio...

Die Indianer trotten gemächlich davon.

Stimmen, Abschiedsrufe, Pferdegewieher, Hupen davonfahrender Autos.

Stimmen: Frohe Weihnachten! Frohe Weihnachten!

Die Komparsen machen sich auf den Heimweg, in der Hand Panettone-Schachteln und Sektflaschen, Weihnachtsgeschenke der Produktion.

Roberta: Ciao...

Delli Colli: Ciao Bella!

Stimmen: Auf Wiedersehen und alles Gute!

Indianerhäuptling: Frohe Weihnachten, Maestro!

Stimme von Fellini: Danke, vielen Dank...

Indianerhäuptling: Bei Ihnen ist die Arbeit schnell getan! Also, alles Gute!

Tonino eilt zu einem weißen Auto, dessen Insassen ungeduldig auf ihn warten. Fellini ruft ihm nach...

Stimme von Fellini: Ciao, Tonino, alles Gute!

Nach und nach brechen alle auf.

Antonella reicht einem der Indianer eine Flasche Sekt.

Antonella: Die ist für Sie, frohe Weihnachten!

Indianer: Danke, Signorina, frohe Weihnachten, frohe Weihnachten!

Nadja sitzt in ihrem kleinen Auto und ruft um Hilfe.

Nadja: Hört doch mal! Hee! Wer schiebt mich an? Ich bin steckengeblieben! Nello, komm her, schieb an!

Die letzten Panettoni sind verteilt; auch Nello hat nun sein Weihnachtsgeschenk in der Hand.

Nello: Warte, ich komm ja schon, schönes Kind!

Er stellt Panettone und Sektflasche aufs Autodach und macht sich an die Arbeit.

Nello: Also, soll ich?

Nadja: Schieb an, schieb an!

Nello: Leg den Leerlauf ein!

Nadja: Ich bin schon im Leerlauf!

Nello: Wann feiern wir mal zusammen Weihnachten, Nadjachen?

Nadja winkt aus dem Fenster und schickt ihm eine Kußhand. Nello nimmt schnell seine Weihnachtsgeschenke vom Autodach.

Nello: He, das gehört mir! Ciao, meine Schöne! Mach's gut!
Die Lastwagen sind jetzt fertig beladen und fahren durch das
aufgewühlte, schlammige Gelände davon. Die Bühnenarbeiter winken zum Abschied.

> *Bühnenarbeiter:* Frohe Weihnachten, Dottore! Auf Wieder-
> sehen! Lebt wohl, und vielen Dank!

Maurizio, der noch immer in seine Regenjacke eingemummt ist,
spricht in sein Walkie-Talkie.

> *Maurizio:* Hallo Gino, ich bin's, Maurizio, bitte melden!
> *Stimme von Gino:* Ich höre.
> *Maurizio:* Auch das wäre geschafft, wir können nach Hause
> fahren.

Er macht sich auf den Weg, während er weiter ins Walkie-Talkie
spricht.

> *Maurizio:* Gehen wir also nach Hause...

Und unter seinem umgestülpten Regenschirm verläßt er den verwü-
steten Set.

> *Maurizio:* Ciao, Gino!
> *Stimme von Gino* (aus dem Walkie-Talkie): Ciao, alles Gute!
> *Maurizio:* Dir auch.

Nun sind alle gegangen.
Einer der langen Antennen-Speere hat sich in das eingestürzte, von
Pferdehufen zertrampelte Plastikzelt gebohrt und ragt vor dem
Hintergrund der still und verlassen daliegenden Studios von Cine-
città sanft hin und herschwankend in den schmutzigweißen Him-
mel.
Auf dem breiten, regenblanken Weg sind nur noch zwei, drei Hunde
zu sehen, die verspielt hintereinander herlaufen.

Studio 5. Innen. Künstliches Licht.

Ein Lichtstreifen fällt von außen durch die halboffene Studiotür.
Auf den Beleuchtungsbrücken rings um das Studio leuchten nach
und nach die Scheinwerfer auf, und unter den Deckenbalken
brennen die riesigen Skypans.
Wir hören die Stimme Fellinis.

> *Stimme von Fellini:* Nun, damit wäre der Film zu Ende. Besser
> gesagt, er *ist* zu Ende. Mir ist, als hörte ich die Stimme eines
> meiner früheren Produzenten: »Was, so soll er enden... ohne

einen Hoffnungsschimmer, ohne den kleinsten Sonnenstrahl? Tu mir den Gefallen, zeig mir doch wenigstens einen kleinen Sonnenstrahl«, pflegte er mich anzuflehen, wenn ich ihm einen Film zum ersten Mal vorführte ... einen Sonnenstrahl? Nun ja, wir können es ja versuchen ...

Langsam erlöschen die Lichter im Studio, und im Halbdunkel ringsumher ist nur noch ein schmaler Lichtstreifen zu sehen, auf den eine im Dunkel stehende Filmkamera gerichtet ist.

Näherkommende Schritte hallen durch die Stille, und es erscheint ein Arbeiter mit der Klappe in der Hand. Er bleibt stehen, hebt die Klappe hoch, blickt zur Kamera hinauf und ruft irgend etwas Unverständliches. Dann schlägt er mit einem trockenen, zwischen den Wänden des großen, dunklen Studios widerhallenden Knall die Klappe.

Klappenmann: Eins, Take eins!

Das Bild erstarrt, und über diesem Bild erscheint der Nachspann.

Der Film in 48 Bildern

Intervista

1987

Produktion:	Aliosha Productions in Gemeinschaft mit RAI 1 – Cinecittà
Produzent:	Ibrahim Moussa
Regie:	Federico Fellini
Idee und Drehbuch:	Federico Fellini
Bearbeitung:	Federico Fellini
Kamera:	Tonino Delli Colli
1. Regieassistent:	Maurizio Mein
Script:	Norma Giacchero del Pace
Regieassistenten:	Daniela Barbiani
	Filippo Ascione
Ausführender Produzent:	Pietro Notarianni
Produktionssekretär:	Mario Mearelli
Mitarbeit am Drehbuch:	Gianfranco Angelucci
Mitarbeit am Casting:	Fiammetta Profili
Dekor und Kostüme:	Danilo Donati
Schnitt:	Nino Baragli
Produktionsleitung:	Roberto Mannoni
Studioleiter:	Gino Millozza
Künstlerische Leitung:	Michele Janczarek
Musik:	Nicola Piovani mit einer Hommage an Nino Rota

Darsteller:	
	Anita Ekberg
	Marcello Mastroianni
Journalist	Sergio Rubini
Diva	Paolo Liguori
Regieassistent	Maurizio Mein

Vestalin	Nadja Ottaviani
Braut	Lara Wendel
Antonella	Antonella Ponziani
	und die gesamte Crew

sowie mit	Maria Teresa Battaglia
	Antonio Cantafora
	Roberta Carlucci
	Lionello Pio di Savoia
	Germana Dominici
	Adriana Facchetti
	Ettore Geri
	Eva Grimandi
	Armando Marra
	Mario Miyakawa
	Patrizia Sacchi
	Antonella Zanini
	Il Chiodo

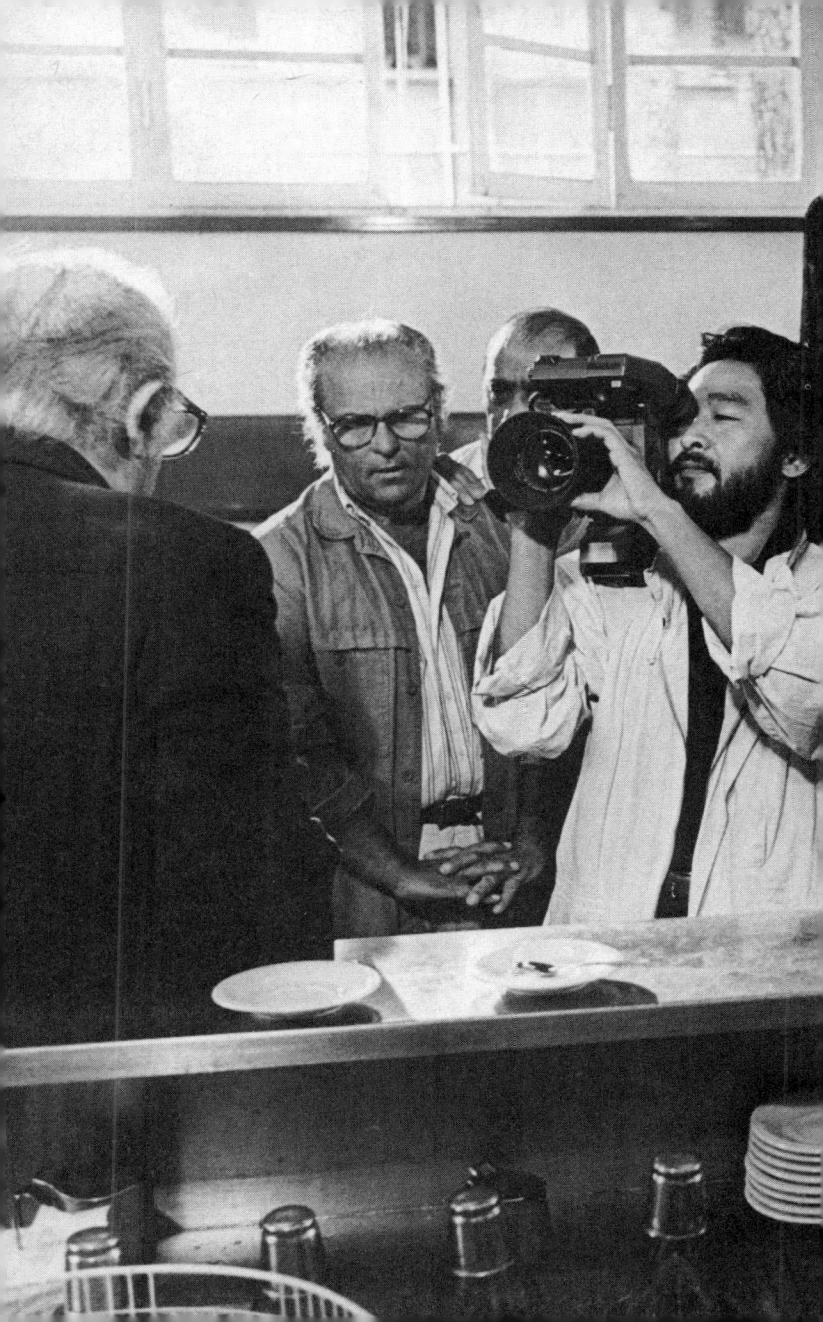

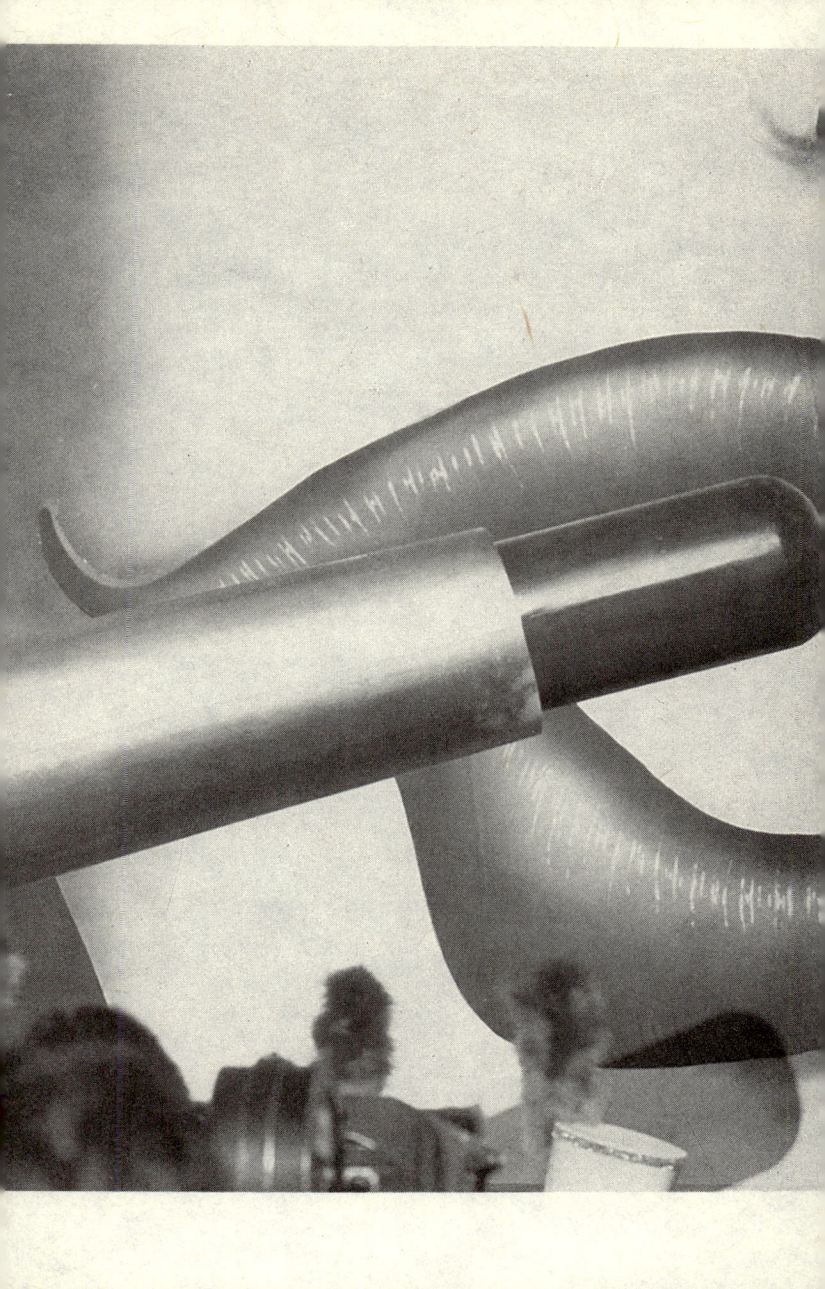

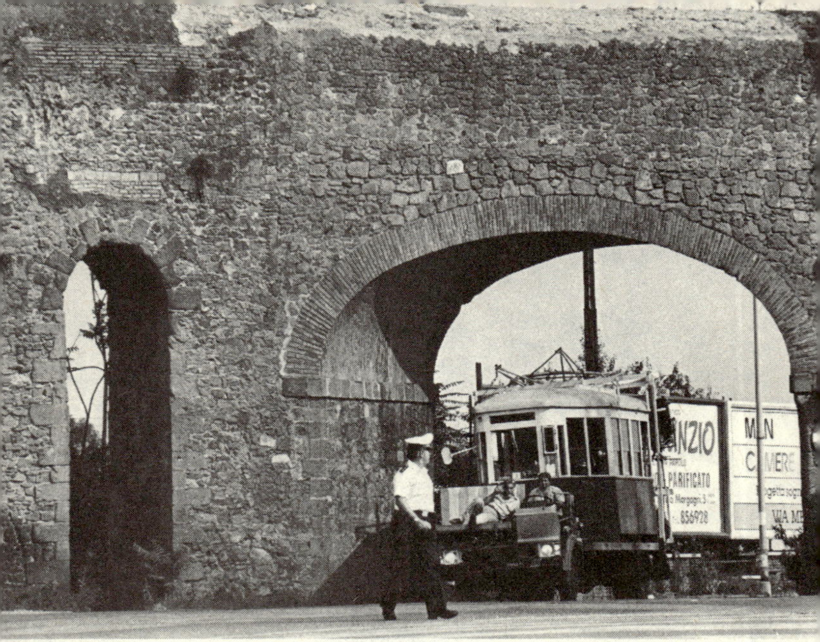
PARIFICATO
856928

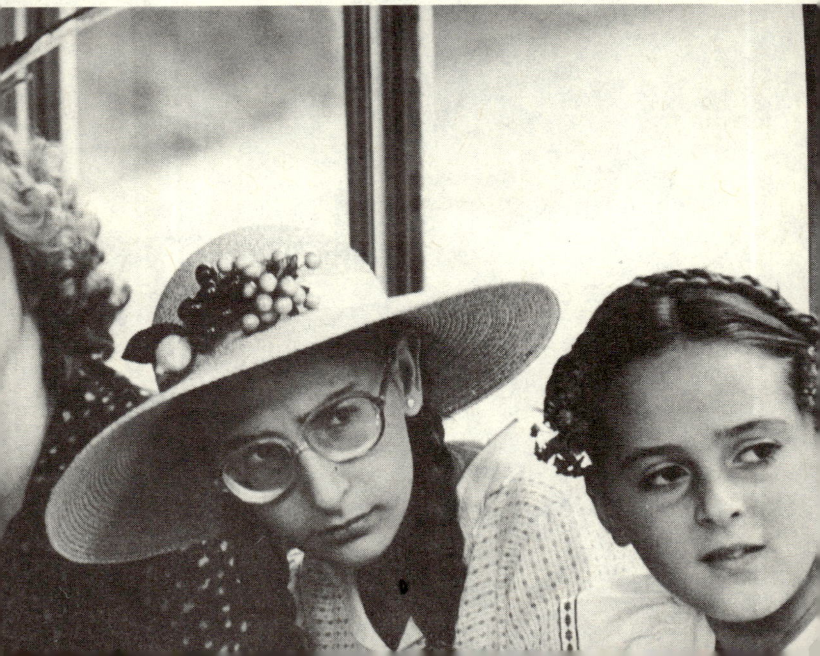

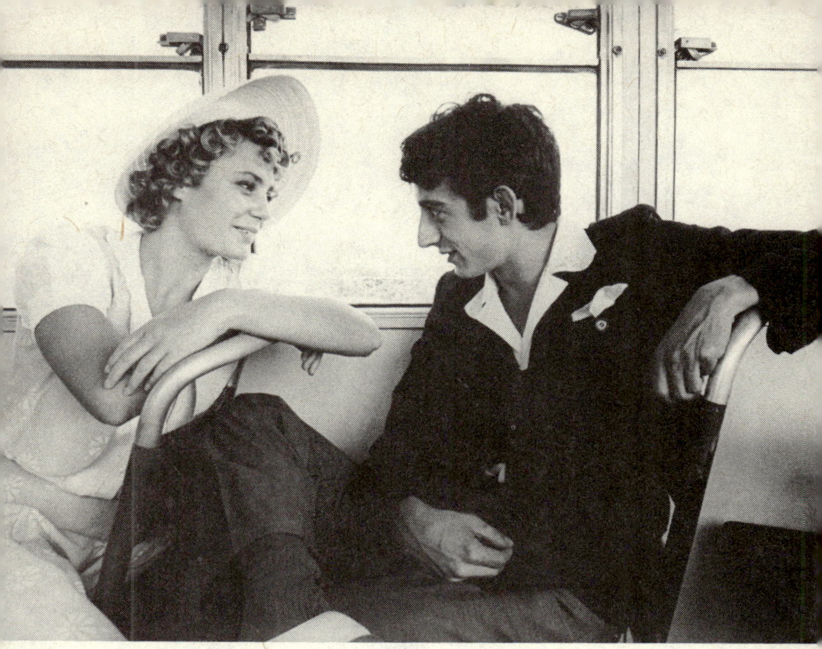

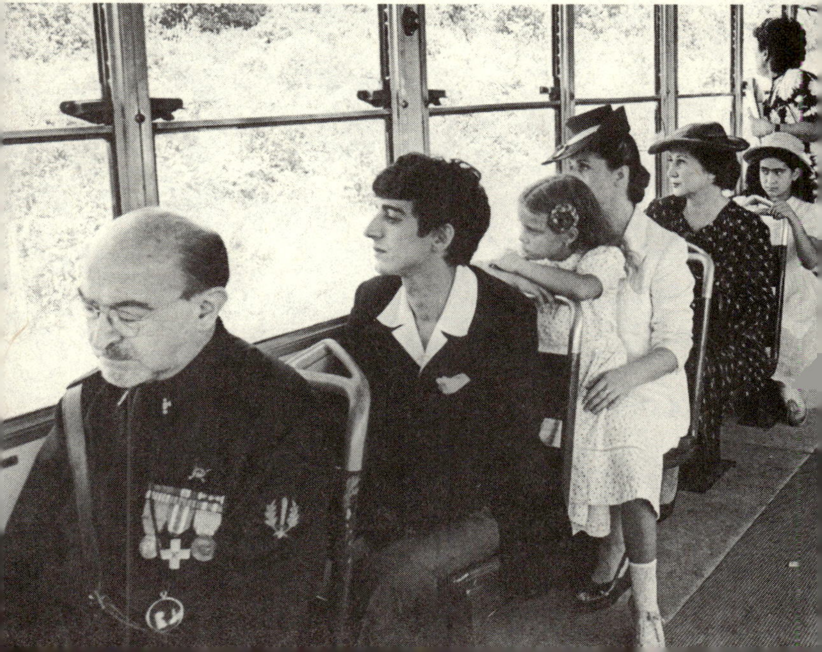

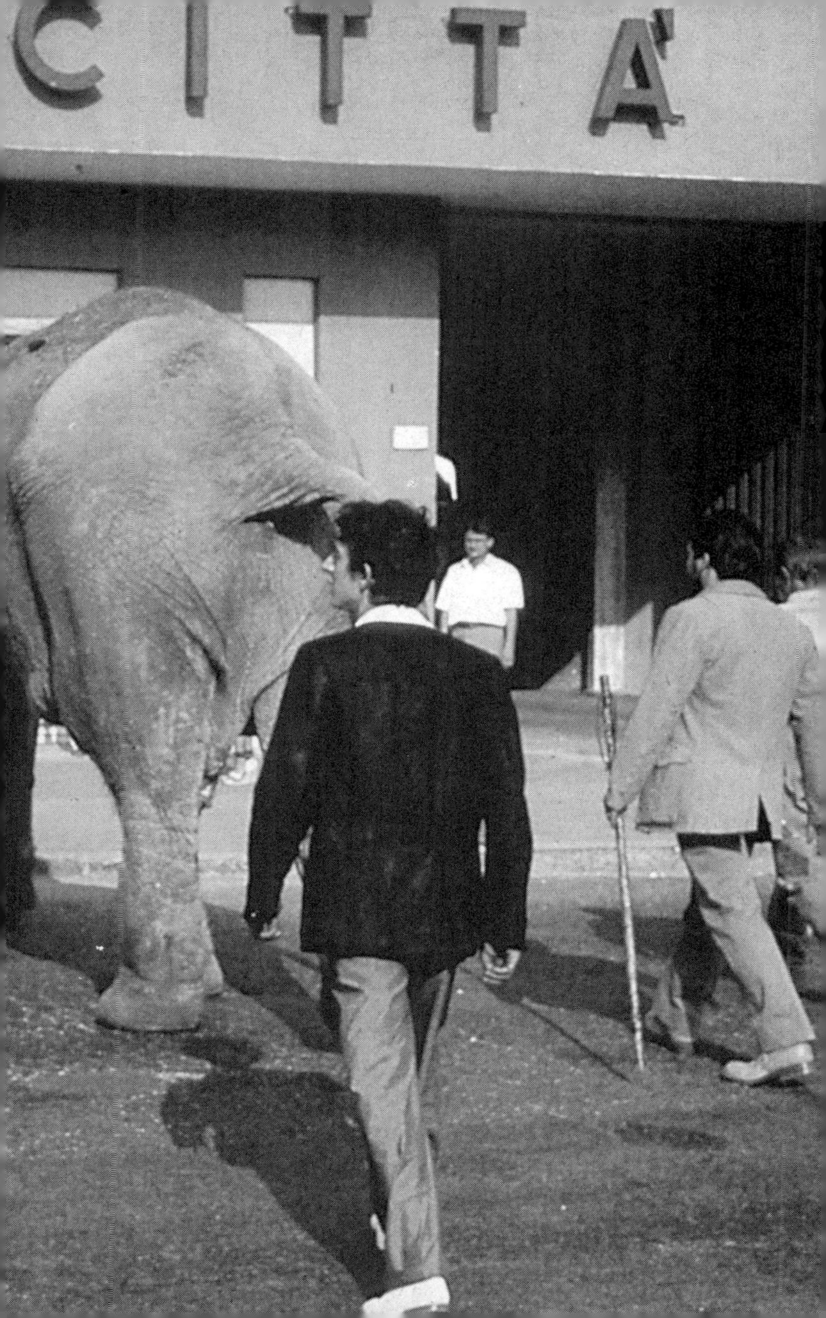
CITTA'

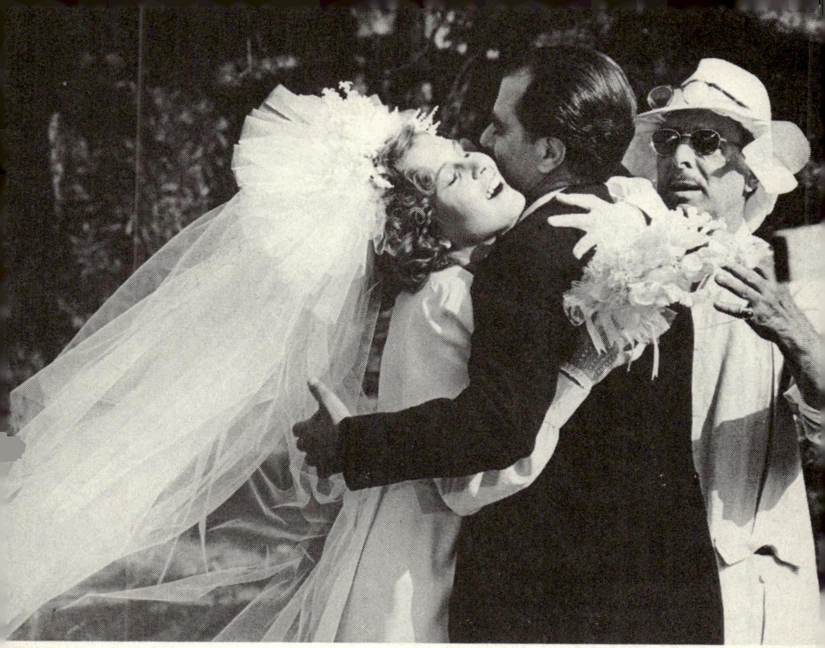

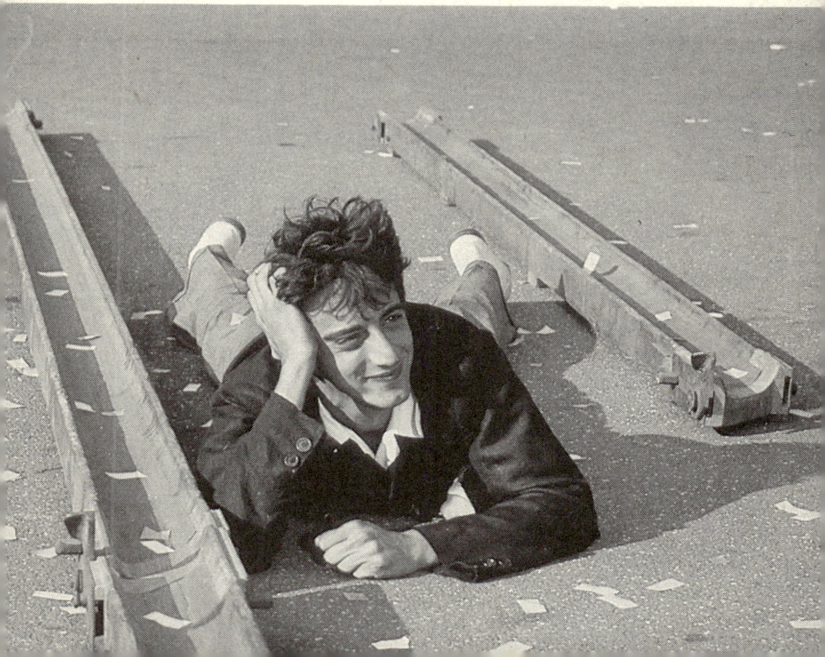

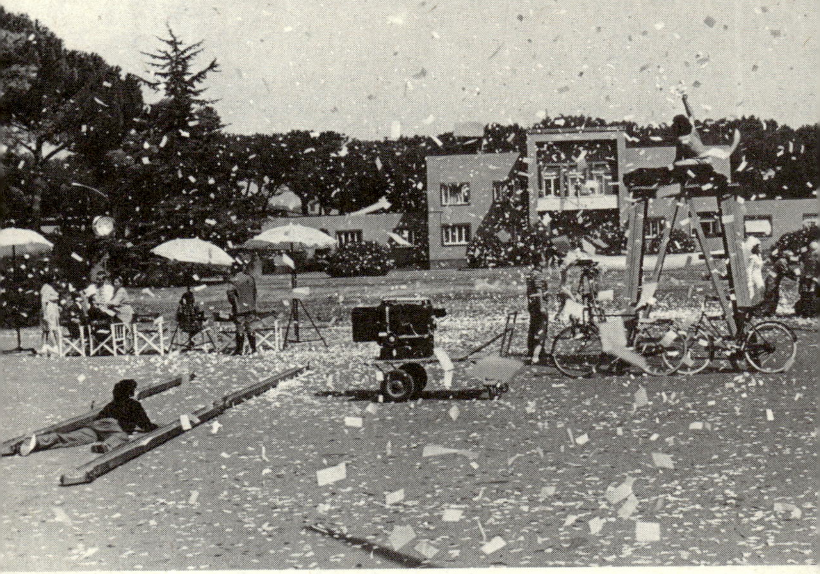

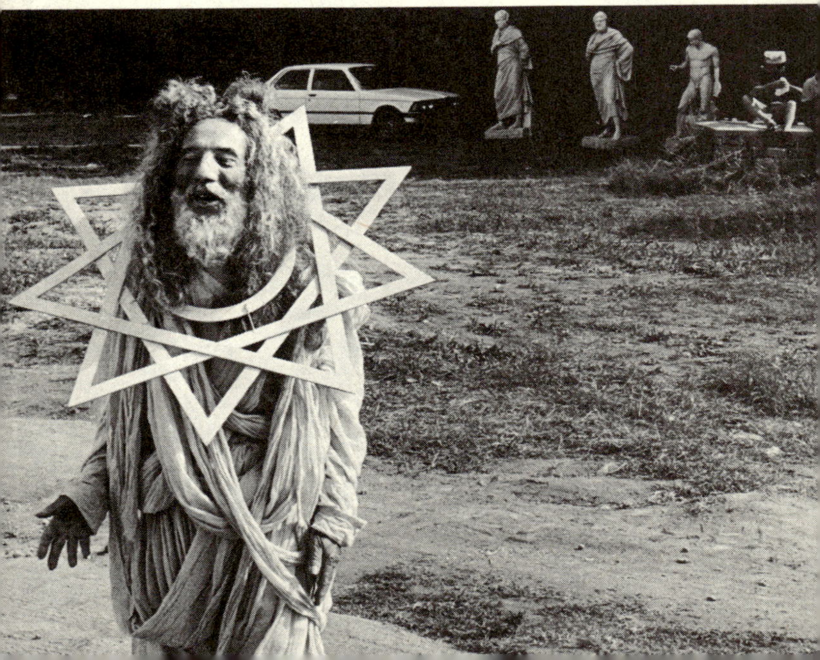

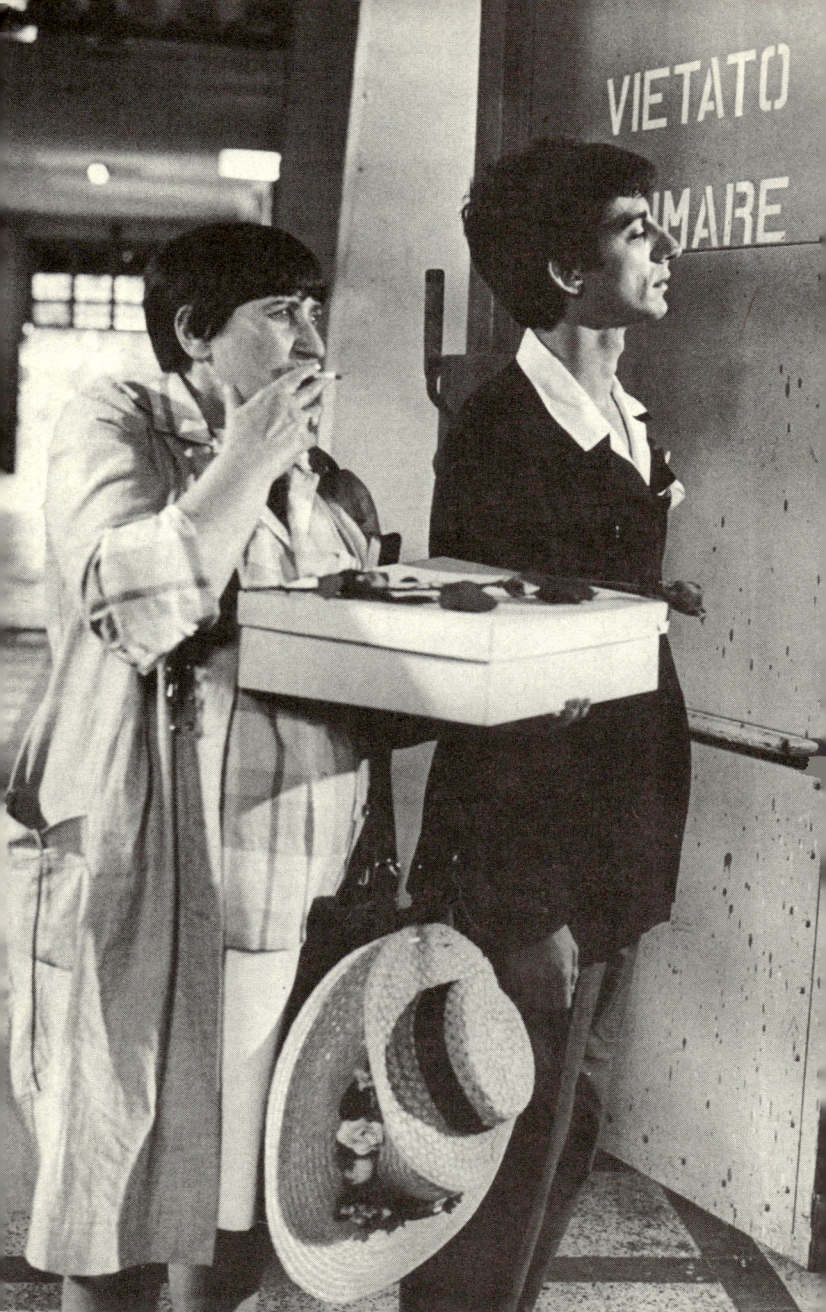

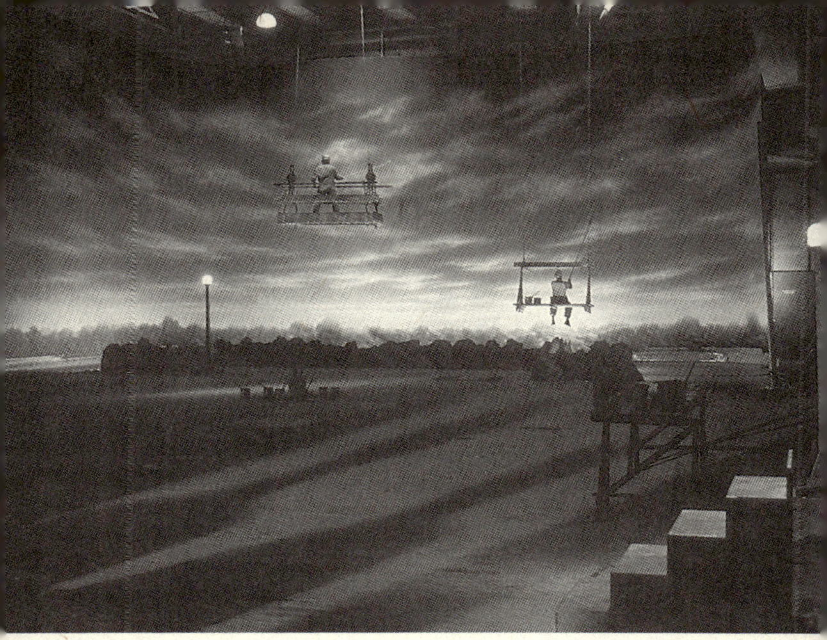

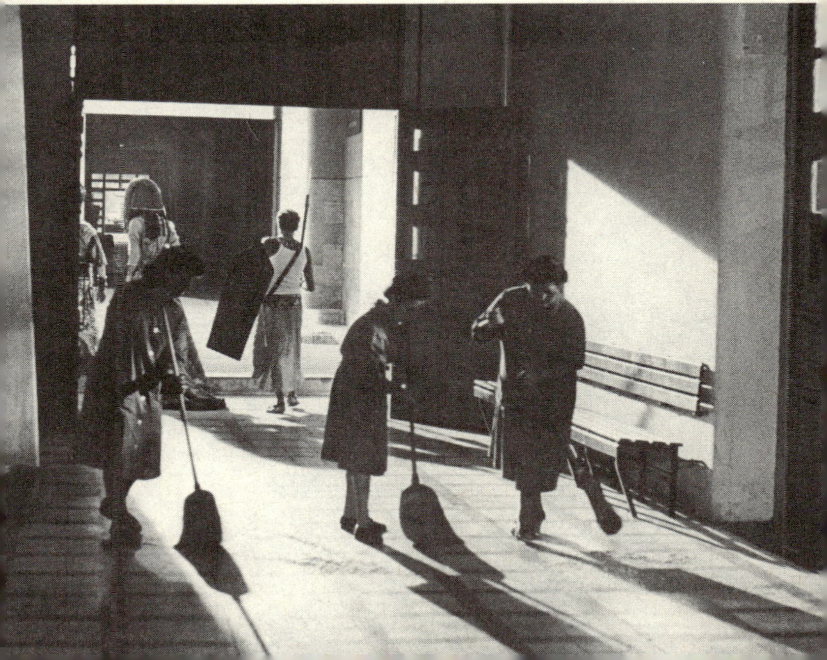

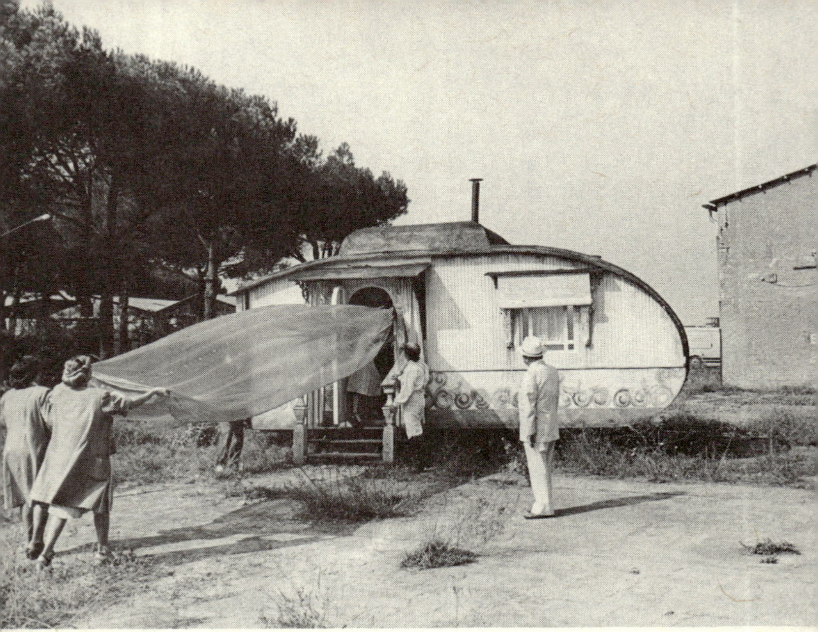

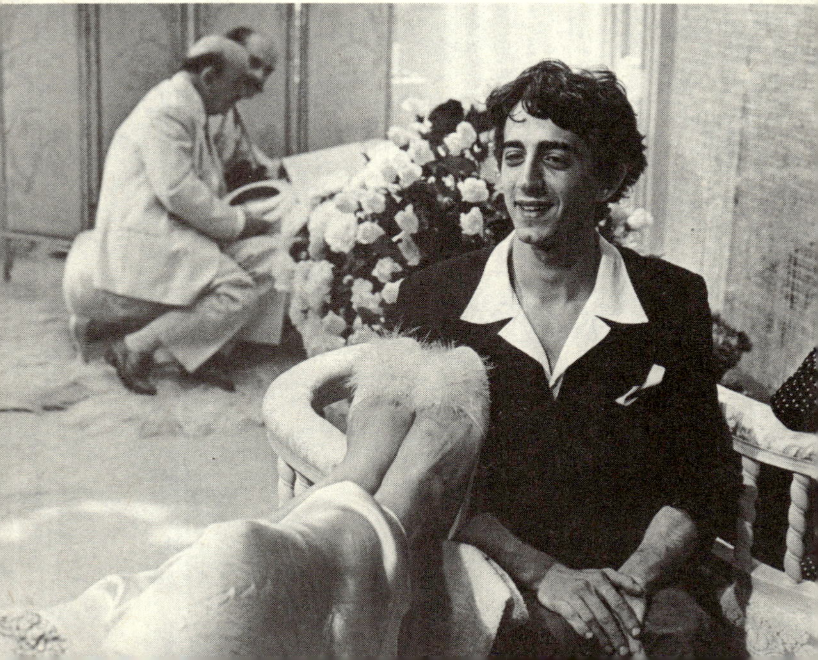

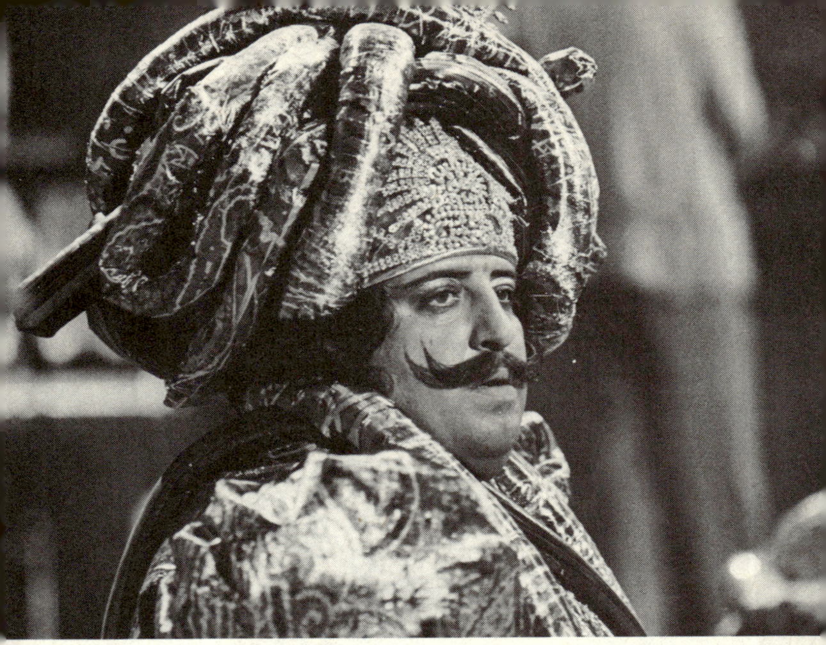

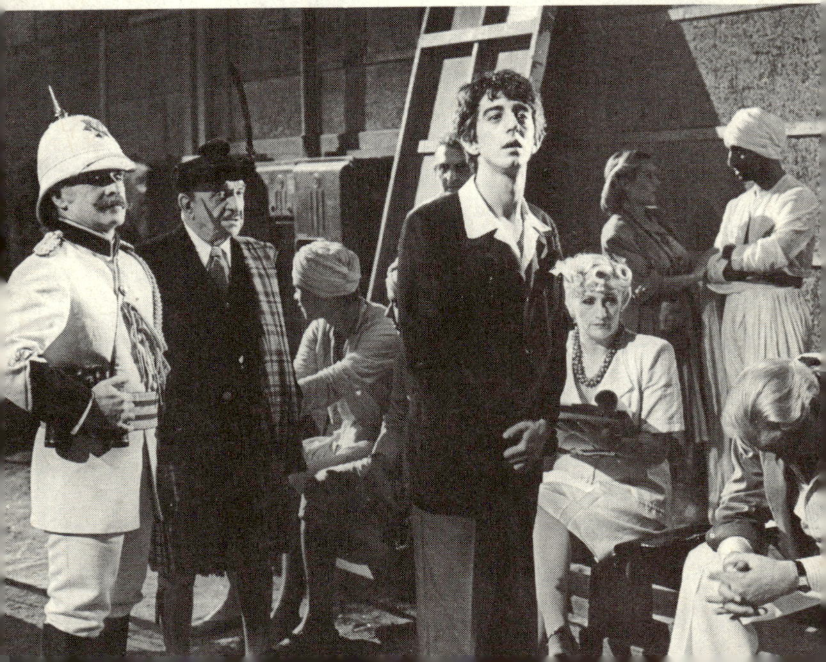

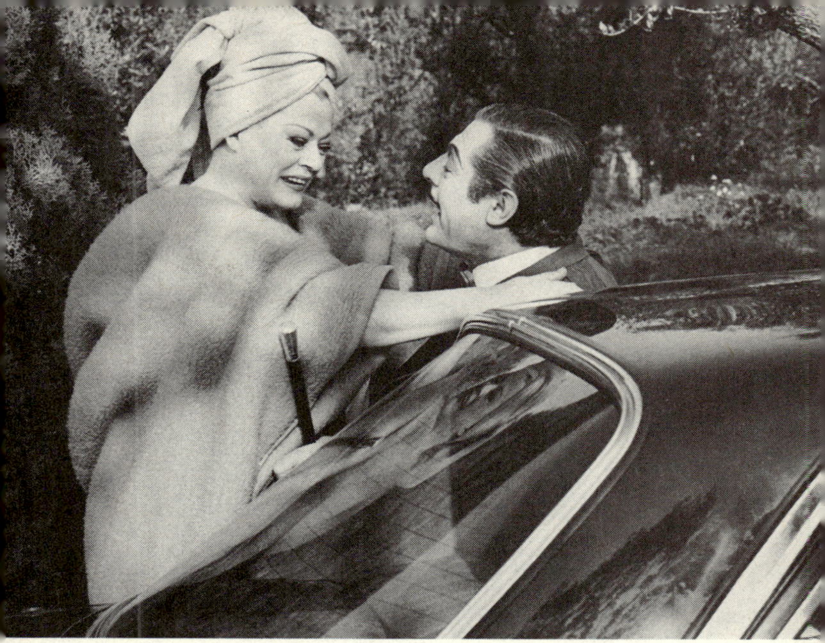

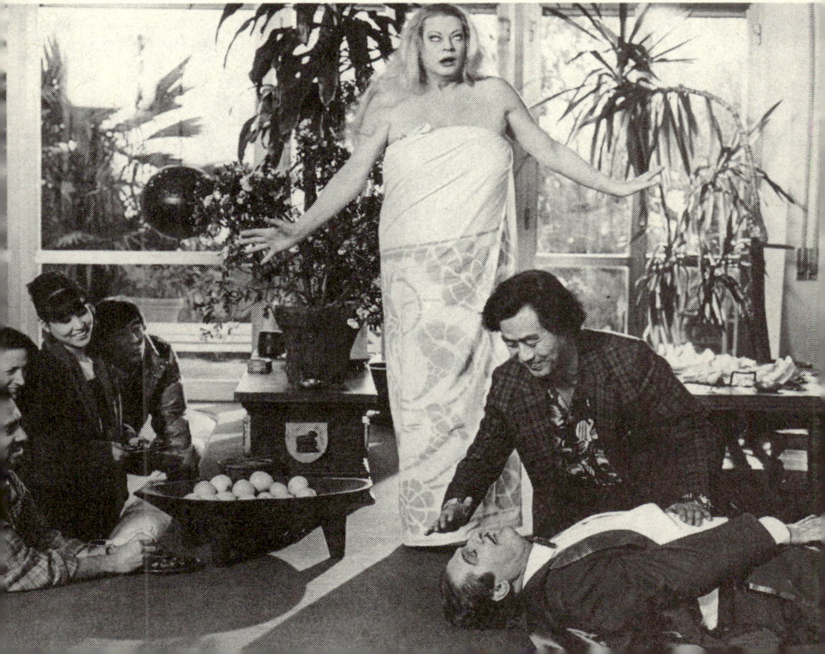

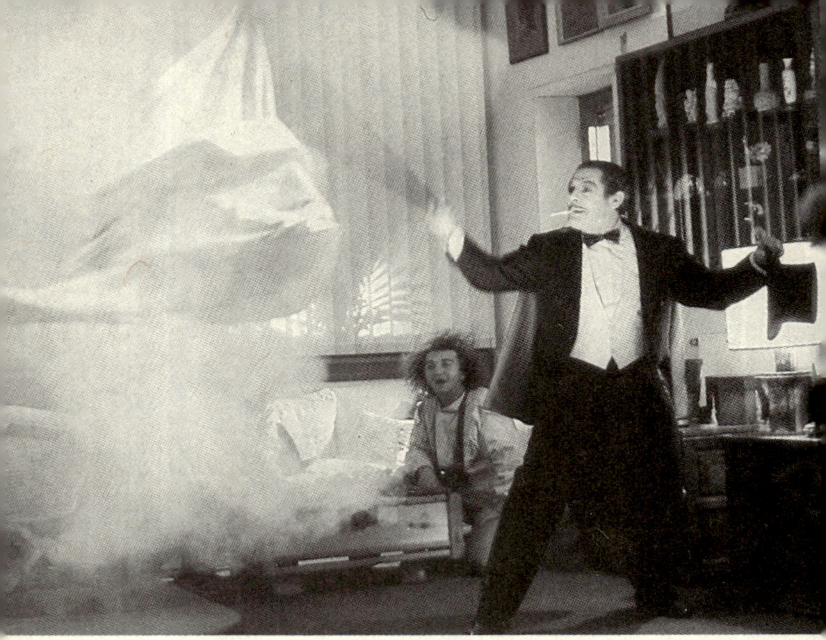

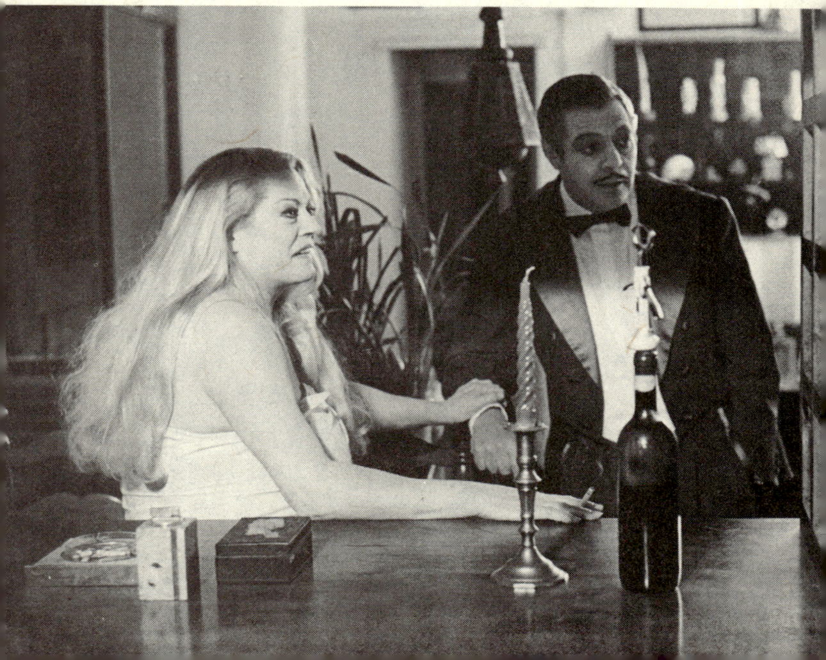

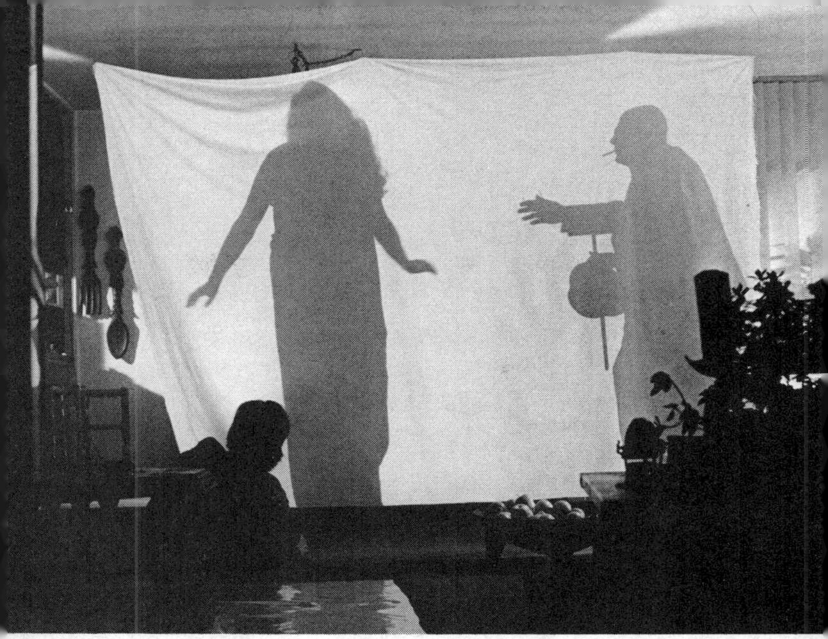

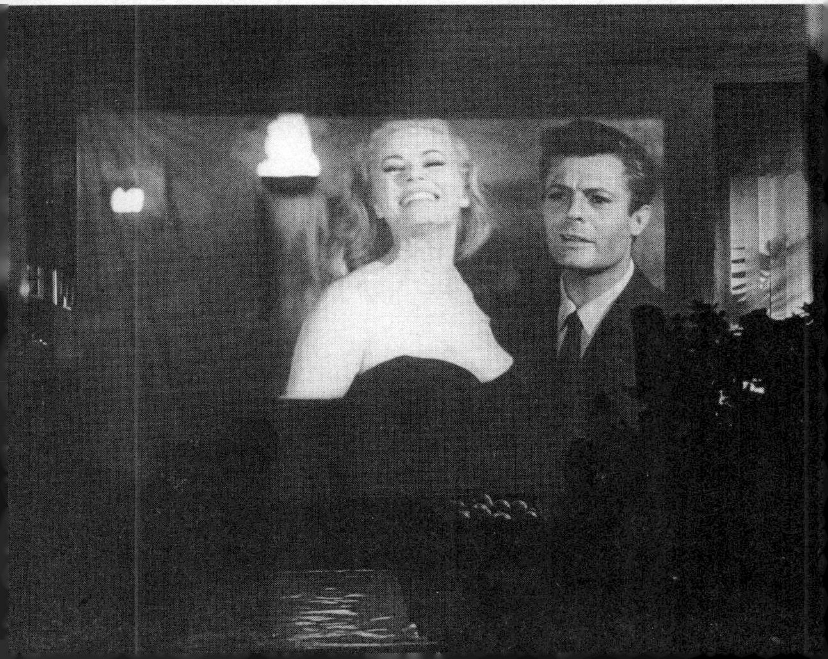

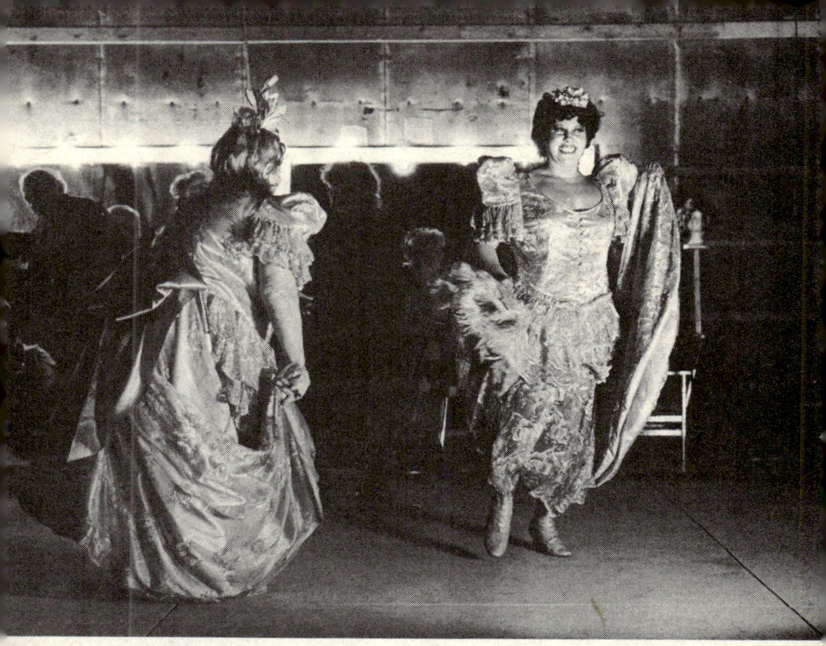

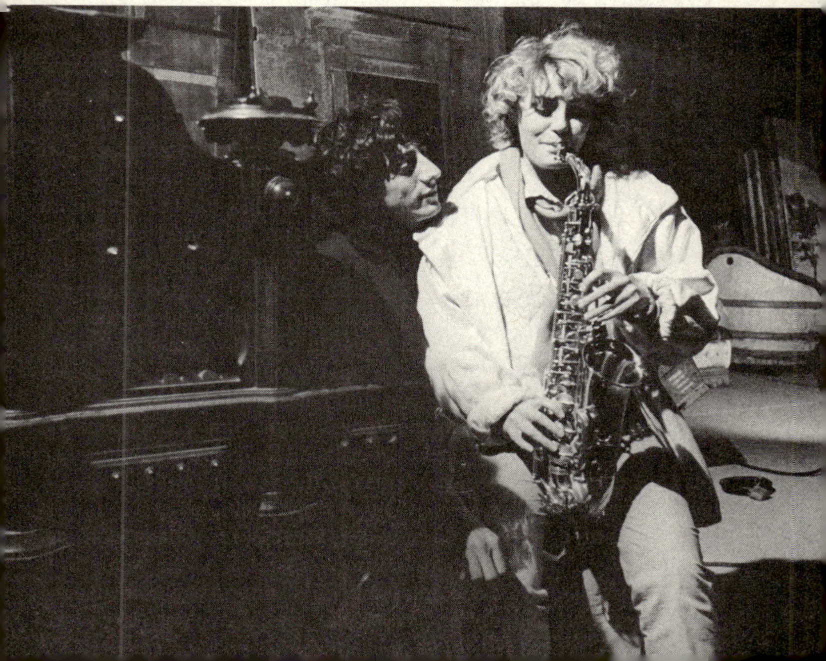

Fellini über ›Intervista‹

Kein »Amarcord Cinecittà«

»Das Ganze kam durch eine psychologische Konditionierung zustande, die in mir eine alte Gehorsamkeit auslöst, den Charakterzug des ›braven Jungen‹ oder so etwas: Es ist nämlich so, daß ich seinerzeit dank des Vertrauens der Auftraggeber einen Vorschuß erhalten habe. Ja, mir ist klar, immer, wenn ich so etwas sage, halten die Leute es für einen witzigen Einfall. Aber dem ist gar nicht so; es stimmt wirklich, ich habe einen Vorschuß bekommen und wollte ihn nicht zurückzahlen. Ich habe mich also verhalten wie der Typ des Auftragskünstlers – ein auch psychologischer Archetyp, an den ich glaube. Oh, ich weiß, dem Hofkünstler, der Auftragswerke produziert, steht der Typ des Künstlers gegenüber, der alles aus seiner Auflehnung rechtfertigt. Ich jedoch muß beschämt gestehen, daß ich, wenn es deswegen, der Auflehnung wegen wäre, bis heute nicht nur die Filme nicht gemacht hätte, die ich bisher gemacht habe, sondern nicht mal eine Photographie. Ich brauche keine Gefühle, keinen Groll, keine Erinnerungen und Verliebtheiten, um arbeiten zu können. Mein psychologischer Mechanismus ist einzig und allein jener der Konditionierung hinsichtlich einer Verpflichtung, die ich eingegangen bin.«

Sie sagen »ich brauche keine Erinnerungen«. Dabei schöpfen Ihre Filme doch, wie wir alle wissen und gesehen haben, ständig aus Erinnerungen. Maestro, die Lügen...

»Sehen Sie, alles ist Erinnerung. Auch das Frühstück, das wir gerade zu uns nehmen, wird in einigen Tagen Erinnerung sein. Nein, nein, *Intervista* ist kein »Amarcord Cinecittà«, wie manche geschrieben haben. Es entstand einfach aus der Tatsache, daß ich mich zur Sommerszeit, wenn alle in Urlaub sind, in einem Studio befand, in Cinecittà, dieser Festung, die mich vor jeder anderen Verpflichtung und Zerstreuung schützt: Ich konnte gar nichts anderes tun als anzufangen, in Bildern zu plaudern. Und das habe ich getan... Zu dieser psychologischen Neigung kam die künstlerische Neigung von einem wie mir, der über das Know-how verfügt, der zwar nichts zu sagen hat, aber weiß, wie es zu sagen ist.«

Cinecittà ist aber doch der Ort, an dem sich diese neue Geschichte von Ihnen abspielt...

Es ist Cinecittà, könnte es aber auch nicht sein. Es soll lediglich irgendeinen beliebigen Ort suggerieren, wo einer mit sich selbst spielen kann: ein Bett, eine Zelle, eine Insel.

Ich habe wohl, ohne es zu wollen, ein schöpferisches Unbewußtes. Wirklich bewußt ist mir nur das, was die handwerklichen Mittel zu meiner Arbeit betrifft: Holz, Nägel... Was den Rest angeht, sagen Sie mir doch, wie Objektivität im Subjektiven möglich ist. Zu meinem neuen Film sind Dinge gesagt und geschrieben worden wie: »Fellini packt aus«, »Fellini läßt sich hinter die Kulissen schauen«: da stehen mir die Haare zu Berge... Sehen Sie, Bergman spricht, wenn er von sich spricht, immer auch von fundamentalen Themen: von Gott, vom Tod. Mir geht es – auch bei diesem Versuch entwaffnender Offenheit, der *Intervista* ja ist – immer so, daß ich einen Schreck kriege wie ein durchgebrannter Gymnasiast und davonlaufe... Mir einen Spiegel vorhalten, davon handelte schon *8½*. *Intervista*, sagen wir mal, das ist einer, der sich im Spiegel besieht, aber ohne Spiegel: wenn wir so wollen, das Nichts im Rampenlicht... oder vielleicht auch nicht... Herrgott, wie mich diese Erwartungen an meine Filme belasten...

Aus einem Interview mit Anna Maria Mori, ›La Repubblica‹, 28. 12. 1986. (Aus dem Italienischen von Renate Heimbucher-Bengs)

Ein alter gelangweilter Regisseur
lädt zum Diner...

»Dieser Film ist ein Gehen im Zickzack. Ein Versuch zu sagen: Ich habe nichts zu sagen. Ein Versuch, von der Unmöglichkeit des Erzählens zu erzählen. Kein Film im traditionellen Sinn, also Bilder, die von Personen, Begebnissen und Situationen erzählen, beseelt von einem Gefühl, einer Ideologie, einer Zielsetzung. Dies hier ist ein Film ohne Perspektive, ohne Handlung, ohne Helden.

Als ich beschloß, von Cinecittà zu erzählen, habe ich mir gesagt: auf keinen Fall einen Dokumentarfilm. Keinen Journalismus: er liegt mir nicht, ich mißtraue dem, was ich sehe und zudem sehe ich nie

etwas, weil ich immer woanders, von anderen Neurosen absorbiert bin. Keine Anekdoten und Erinnerungen: dies habe ich mit einer Heftigkeit von mir gewiesen, die mich selbst erstaunt hat. Und auf gar keinen Fall den touristisch-folkloristischen Blick hinter die Kulissen der Traumfabrik.«

Was blieb übrig?

»Nichts. Absolut nichts. Erinnerungen habe ich ausgeschieden, Cinecittà und die verschiedenen Möglichkeiten, darüber zu berichten, habe ich ausgeschieden. Was bleibt übrig? Ein paar Wege, ähnlich denen auf dem Gelände der Poliklinik. Drei, vier Leute in weißen Kitteln, die umherschlendern, rauchen, miteinander plaudern, in die Kantine Kaffee trinken gehen. Streunende Hunde. Dunkelgrüne Bäume. Piniennadeln auf dem Boden. Ein kleines Gebäude namens Cinefonico, aus dem lautes Geschrei, triumphale Musik, das Knattern von Maschinenpistolen schallt. Nun ja. Ich bin in Cinecittà. Ich habe keine Ideen, keine Geschichten, die ich erzählen könnte, keine Gefühle. Ich habe nur Augen. Mit lauer Neugierde blicke ich auf die Armseligkeit, auf das Fehlen all des Märchenhaften, all des Glamours, den jeder mit Cinecittà verbindet. Aufgabe, Thema, Problem: Läßt sich das, was man vor einem Augenblick gesehen hat, einen Augenblick später erzählen, läßt das Nichts sich erzählen?

Na, na. Und das ganze Filmmaterial, die Braut Lara Wendel, die Tempeltänzerinnen, die Elefanten, der faschistische Parteibonze und die Diva, der Werbespot mit der Lippenstift-Kanone, die himmelblaue Straßenbahn?

Etwas ist natürlich da. Aber es wird nicht in strukturierter Erzählform erzählt, mit der Genugtuung, eine hübsche Szene zu zeigen, eine Erinnerung darzustellen.

Sie kommen im Film selbst vor, Sie spielen sich selbst, wie in »Roma« oder in den »Clowns«.

Da und dort taucht ein Stück von mir auf, ein Körperteil: eine Hand, die Brille, der Hut. Ich hinterlasse Spuren. Außerdem stelle ich mit meiner Stimme die Verbindungen zwischen den einzelnen visuellen Bestandteilen des Films her: mit kleinen Kommentaren, Bemerkungen, Beschwörungen, Erklärungsversuchen...

Mastroianni...?

Marcello spielt sich selbst. Ich begegne ihm in Cinecittà, und wir fahren zusammen zu den Castelli Romani, um Anita Ekberg zu besuchen, die ich dann nicht zu fragen wage, ob sie bei einer

Probeaufnahme für die Rolle der Brunelda aus Kafkas *Amerika* mitmachen würde.

Das Interview – namengebend für diesen Film – ist für Sie häufig ein erzählerisches Ausdrucksmittel gewesen, eine andere Art und Weise, den Leuten etwas zu sagen, manchmal aber auch ein Alptraum, der Sie Ihr Leben lang verfolgt hat.

Ich hätte das Interview auch als Analyse oder Untersuchung erzählen können, als harmloses oder überzeugtes Bekenntnis eines Cineasten, der bereit ist, über sich selbst, seine Arbeit, sein Verhältnis zu seiner Arbeit zu sprechen.

So ist es nicht?

Nein. Es hätte so sein können, aber es ist nicht so. Und es ist auch keinerlei Polemik gegen den Journalismus darin: Die Interviewer sind Japaner, Phantasiegestalten, die die Presse nicht verkörpern und nicht verkörpern können. Das Interview findet ja eigentlich gar nicht statt. Die Japaner stellen zwar ganz präzise Fragen: wann Cinecittà gegründet wurde, wie es in den vierziger Jahren war, wieviele Leute dort arbeiten; doch ihre Fragen werden ständig unterbrochen, die Antworten gehen verloren.«

Das Interview wird im Auftrag des Fernsehens gemacht, dem Medium, welches das Kino verdrängt hat und unsere Gegenwart bereits erobert hat; und man geht davon aus, daß die Japaner in naher Zukunft Europa erobern werden...

»Das hat nichts damit zu tun, darauf spielt der Film nicht an. Ich dachte an ein kleines japanisches Fernsehteam, das vor längerer Zeit einmal zu mir kam, um mich zu interviewen, und mir einen Brief und ein Geschenk von Kurosawa mitbrachte. Ich erinnerte mich an das übertriebene Lächeln dieser Leute, an ihre Höflichkeit, ihre nicht endenden Dankesbezeigungen, und habe mich für sie entschieden als ideale Interviewer, die mit stoischer und verständnisloser Geduld mein dummes Geschwätz, meine Launen über sich ergehen lassen. Aber das Interview ist nur ein äußerst fadenscheiniger Vorwand, um dem Film wenigstens den Anschein einer Geschichte zu geben, die gar nicht da ist.

Was ist also der Sinn des Films?

Ein alter, gelangweilter Regisseur lädt zum Diner, ohne irgend etwas anzubieten, und verlangt von seinen Gästen auch noch, daß sie sagen, sie seien satt geworden.

Weniger als Null? Wenn Sie nun »Interview« mit nur einem einzigen Bild symbolisieren sollten, welches würden Sie wählen?

Ein schwarzgraues, romantisches, verfallendes Bauwerk von Piranesi. Die düstere Szenographie des leeren Filmstudios, des verlassenen Studios in Cinecittà: Hangar, Lagerhalle, Erwartung.

Aus einem Interview mit Lietta Tornabuoni, ›La Stampa‹, 28.12.1986. (Aus dem Italienischen von Renate Heimbucher-Bengs)

Marcello und Anita – 27 Jahre später

»Ich habe keinerlei Bosheit in diese Szene hineingelegt, auch keine Trauer oder Endzeitstimmung. Im übrigen sind seit jenem Film ja auch für mich siebenundzwanzig Jahre vergangen, nicht nur für Marcello und Anita. Diese Szene, die so großen Eindruck gemacht hat, war in meinen Notizen zum Film gar nicht enthalten, sie entstand ganz zufällig. Ich hatte Anita seit zwanzig Jahren nicht mehr gesehen und wollte sie fragen, ob sie nicht in der Sequenz mit den Probeaufnahmen für die Rolle der Brunelda aus *Amerika* mitmachen wollte. Ich besuchte sie also in ihrem schönen Haus inmitten von Olivenbäumen, und sie kam mir heiter, ruhig und ausgeglichen vor, ohne der Vergangenheit nachzutrauern. Eine Schar Gänse watschelte hinter ihr her wie in einem Märchen, und da verlockte mich die Idee, auch eine Wiederbegegnung mit Marcello zu arrangieren. Die Szene kam ganz spontan zustande, zwanglos und unbeschwert, wie ein kleines Picknick. Ich empfand große Zuneigung zu Anita, herzliche Freundschaftsgefühle für Marcello, freundschaftliche Zuneigung zu mir selbst. Und so habe ich einfach gefilmt, was geschah. Daß die Leute beim Anblick dieser Szene in Tränen ausbrechen, macht mir Sorgen; für mich ist sie lediglich eine Hommage, eine Geste der Dankbarkeit vor allem Anita gegenüber, und ich wünsche mir, daß jemand, der weniger emotional ist und sich weniger von diesen zwei Autobiographien gefangennehmen läßt, bei dieser Szene die gleiche Achtung, die gleiche Sympathie und Herzlichkeit empfindet, die sie in mir selbst hervorgerufen hat.«

Aus: ›La Repubblica‹, 19.5.1987 (Aus dem Italienischen von Renate Heimbucher-Bengs)

Dieser Film wollte keinen Titel, kein Plot, kein Drehbuch, kein Casting und keinen Regisseur

»Ich kenne ihn nicht, diesen Film. Ich kann nichts über ihn sagen. Schon beim Titel fängt es an: *Intervista*. Nein, er gefällt mir nicht mehr, es ist ein nichtssagender, bürokratischer, zu anspruchsvoller Titel; der Film paßt gar nicht zu ihm. Aber einen anderen konnte ich nicht finden. Mir würde ein Titel wie *Rashomon* gefallen, wenn das Wort »Interview«, seine japanische Aussprache, wie ein geheimnisvolles Glockenspiel klingen würde, beschwörend, magisch, und jedem die Freiheit ließe, sich alle möglichen Deutungen und Bedeutungen auszumalen. »Interview« heißt aber auf Japanisch sowohl graphisch als auch phonetisch »Intervù«, genauso wie im Englischen, oder allenfalls »intelvù«, mit dem gelispelten »r« der Asiaten; und das kam mir offen gesagt weder beschwörend noch magisch vor. Und so habe ich darauf verzichtet. Auch die Idee meines Freundes Pietro Barilla, des bekannten Pastaherstellers, konnte ich nicht berücksichtigen. Er schlug mir den Namen einer neuen Makkaronisorte vor, die noch keiner kennt. Es ist nutzlos zu versuchen, sich einen Titel auszudenken. Die Idee eines Films schließt bereits einen Titel ein, der seine Identität, seine Bedeutung, seinen Werdegang, sein Ziel von Anfang an offenbart. Würde ich den Titel kennen, dann würde ich auch den Film kennen, und dann hätte auch dieses Interview mit dir einen Sinn, weil ich auf deine stimulierenden Fragen, die schon von sich aus den Gedanken an eine bewußte Interpretation der eigenen Arbeit und des eigenen Werks aufkommen lassen, ausführlich antworten könnte. Statt dessen kommt mir der Gedanke, daß der Film eben keinen Titel will, so wie er kein Plot und kein Drehbuch, kein Casting und keinen Regisseur gewollt hat... Ja, soviel kann ich sagen: es ist ein ziemlich unverschämter Film, der mir von Anfang an in dreister und unverfrorener Weise gesagt hat: »Ich brauche niemanden, ich brauche keine Spezialisten, kein Fachwissen, keine Assistenten, denn das, was ich machen will, hat nichts mit dem gemein, was man eigentlich machen sollte, wenn man einen Film macht. Schafft sie mir alle vom Hals und sorgt vor allem dafür, daß Signor Fellini sich möglichst von mir fernhält. Ich mache mich selbst.« Nun, mir kommt es vor, als hätte dieser schamlose Film gleich am Anfang, und dann jeden Tag, während ich ihn machte, so mit mir gesprochen. Was sollte ich tun? Mir blieb nichts anderes übrig, als ihm Tag für Tag auf seinem unberechenbaren Weg zu folgen und die Crew zum Mitkommen zu verpflichten. Und die Crew, die war wirklich einzigartig.«

Aus einem Interview mit Gian Luigi Rondi ›Il Tempo‹, 29. 1. 1987 (Aus dem Italienischen von Renate Heimbucher-Bengs)

Die Sehnsucht nach der Sehnsucht

»Das kleine Pasticcio hier ist die dritte Episode eines Experiments, das ich früher schon mal für das amerikanische Fernsehen gemacht habe. Vor zwanzig Jahren habe ich für die CBS einen Film gemacht, der *Notizen eines Regisseurs* hieß. Einen zweiten solchen Film habe ich dann vor zehn Jahren für die NBC gedreht. Und jetzt greife ich erneut darauf zurück, nur um nicht untätig sein zu müssen, während ich auf den Film warte, den ich schon geschrieben habe, derzeit aber nicht drehen will. Ich brauche immer dieses große Alibi: arbeiten, um meine Lebenseinstellung zu rechtfertigen. Nicht daß ich mich als Künstler darstellen wollte, aber es ist das Leben in dieser betäubenden und chaotischen Atmosphäre, welches meinen Tagen eine Rechtfertigung gibt. Mir ist klar geworden, daß dies wohl der Grund ist, weshalb ich in meinem Alter immer noch Bilder filme und Kino mache.

Den Rahmen zu dieser dritten Episode der *Notizen eines Regisseurs* bildet ein kleines japanisches Fernsehteam, das mit Fellini ein Interview über den Film macht, den er angeblich gerade dreht, und ihm die Fragen stellt, die man mir ständig stellt: warum ich alles im Studio drehe, oder wo ich diese merkwürdigen Gesichter hernehme, was Kino mir bedeutet und wann ich zum ersten Mal nach Cinecittà gekommen bin. Im Augenblick bin ich gerade dabei, diese letzte Frage zu beantworten. Meine ursprüngliche Absicht war, eine schon fix und fertige kleine anekdotische Geschichte zu erzählen: als ich zum ersten Mal nach Cinecittà kam, war ich achtzehn, ich war Journalist in Rimini, und in meiner Vorstellung war Cinecittà etwas Mythisches. Ich begab mich dorthin, um eine Schauspielerin namens Greta Gonda zu interviewen, und es war zugleich das erste Interview, das ich machte, das erste Mal, daß ich nach Cinecittà kam und meine erste Begegnung mit dieser Frau, die mir sehr gefiel. Ich hatte mich also darangemacht, diese Episode zu erzählen, doch als ich dann zu drehen anfing, fand ich es uninteressant, in realistischer Weise über diese Fahrt vom Bahnhof nach Cinecittà zu berichten, und hielt es für besser, eine Phantasiereise zu machen, den Reporter durch Wasserfälle wie die Niagara-Fälle, durch Landschaften wie die des Beato Angelico, durch üppige Felder à la Breughel fahren zu lassen und die Straßenbahn mit allen möglichen Leuten zu bevölkern. Ich ging also zu der Stelle, wo die Straßenbahn abfuhr, zur *Casa del Passeggero*, und als ich die Örtlichkeiten inspizierte, kam mir die Idee, auch davon zu erzählen, von dem Regisseur, der nach diesem Ort sucht, der dann in diesem Straßenbahndepot die fünfzig Jahre alten Waggons findet und – da sie nicht mehr brauchbar sind – eine Straßenbahn in zwei auf Lastwagen montierten Teilen nachbaut, um zu zeigen, wie die Tram durch diese phantastischen Landschaften fährt. Infolge dieser Verschachtelungen treffe ich mit Elefanten in Cinecittà ein, als würde die Straßenbahn, um vom Bahnhof nach Cinecittà zu gelangen, auch durch Afrika fahren. Kurzum, das Ganze ist eine Posse, ein narzistischer Scherz, verantwortungslos und selbstgefällig.«

Und welches ist der Film, den Sie angeblich gerade drehen, während diese Journalisten Sie interviewen?

»Das ist auch wieder so ein Vorwand, um den Titel »Notizen eines Regisseurs« sowie die Tatsache zu rechtfertigen, daß ich heute noch in Cinecittà bin. Ich erzähle diesem japanischen Team, daß ich vorhabe, Kafkas *Amerika* zu verfilmen, und berichte von meinen Bemühungen, den Darsteller des Karl zu finden. Meine Assistenten gehen zur tschechoslowakischen Botschaft und ins Konservatorium, um einen femininen, zarten, sensiblen jungen Mann zu finden, der eine gewisse Ähnlichkeit mit Kafka haben soll. Und dann geht es auch um die Suche nach Brunelda, dieser dicken Sängerin, die eine andere wichtige Figur in Kafkas Roman ist. Anhand dieser Knotenpunkte der Erzählung – als da sind: der erste Besuch in Cinecittà, das erste Mal, daß ich sehe, wie ein Film gedreht wird, das Interview mit der Schauspielerin Greta Gonda, die Vorbereitungen zu diesem eventuellen *Amerika*, das ich möglicherweise nie machen werde, die Erlebnisse des Teams, das gerade »Notizen« dreht, die Gespräche zwischen mir und der Produktion, zwischen mir und den Japanern und all den Karls und Bruneldas sowie all den Schauspielern, die ich herbestellt habe, um mich als junge Mann zu spielen – wurstele ich mich, ständig das Register wechselnd und ständig improvisierend, durch und hoffe dabei, daß sich das Ganze schon irgendwie klären wird. Es handelt sich um ein echtes Experiment, im selbstmörderischen Sinn des Wortes. Und um eine Herausforderung: eine Herausforderung an den Bericht, eine Herausforderung an den Film, eine Herausforderung an die Erzählkunst, eine Herausforderung an die Organisation, eine Herausforderung ans Fernsehen ...«

Kann man das Fernsehen denn überhaupt herausfordern? Kann man sich mit Bildern dem entgegenstellen, was Sie selbst einmal als »unterschiedslose Flut von Bildern« bezeichnet haben?

»Zu dem, was ich damals gegen das Fernsehen gesagt habe, stehe ich immer noch, denn ich denke, daß das Fernsehen nicht nur das Kino gründlich ruiniert hat – das wäre ein relativer Schaden – sondern auch die Beziehung des Individuums zur Wirklichkeit, und zwar aufgrund der hypnotischen und suggestiven Macht des Spektakels – des Filmspektakels, denn es handelt sich ja immer um Bilder –, das den Leuten Tag und Nacht ohne jede Unterbrechung ins Haus kommt. Es ist, als sei das ganze Leben – die Natur, unsere Freunde, die Literatur, die Frauen – durch diesen kleinen Bildschirm, der immer größer geworden ist und alles darstellt, nach und nach ausgelöscht worden. Er hat alles verschlungen: die Wirklichkeit, uns selbst und unsere Beziehung zur Wirklichkeit. Das geheimste Anliegen der *Notizen* wäre also zu erzählen, wie der Fernsehjournalismus, indem er die Wirklichkeit abphotographiert, alles auslöscht, und sich dem zu widersetzen, indem man das alles wiederum photographiert.«

Dieses Auslöschen des Lebens durch das Bild weckt ganz unmittelbar die Erinnerung an Ihren letzten Film Ginger und Fred, *der uns eine Welt vorführt, in der man, um überhaupt existieren zu können, Doppelgänger einer berühmten Persönlichkeit sein, also Ähnlichkeit mit Kafka, Proust oder irgendeinem Fernsehstar zur Schau stellen muß. Was mich dabei bestürzt, ist die Tatsache, daß das Paar Ginger und Fred, wiewohl es den Widerstand der lebendigen Welt verkörpert, dieser neuen, technischen Welt des absoluten Scheins selbst auch als Doppelgänger gegenübertritt. Wo liegt denn da der Unterschied?*

»Um es gleich vorwegzunehmen, ich bin froh, daß Ihnen die Sache mit den Doppelgängern aufgefallen ist, denn in den Kritiken, die ich gelesen habe, hat kaum jemand diesen Aspekt des Films hervorgehoben, genauso wenig wie die Tatsache, daß das Fernsehen Doppelgänger schafft und daß wir alle versuchen, irgend jemandem zu gleichen und dabei uns selbst vergessen. Ginger und Fred sind auch die Doppelgänger von Ginger und Fred. Es gibt da jedoch einen Augenblick der Wahrheit, nämlich als die beiden in vollständiger Dunkelheit dieses kleine Gespräch miteinander haben und beschließen, sich wegzustehlen, und jeder sich seinem eigenen Traum nähert, er, indem er seine Skepsis äußert – eine Skepsis, die immer wieder seine Rettung ist – und sie, indem sie sich zu der kleinbürgerlichen Welt bekennt, der sie angehört – und für sie liegt hier das Heil. So wollte ich den Film enden lassen, denn ich bin ja auch Geschichtenerzähler, und Geschichten müssen einen Schluß haben. Ich bin gespannt, wie *Intervista* enden wird.

Ich kann meiner Auflehnung, meinen Leidenschaften und meiner Begeisterung allerdings nicht ganz trauen, denn selbst im Fall von *Ginger und Fred* ist das alles nur ein Vorwand, um mit der Kamera im Studio sein zu können. Ich muß gestehen, daß ich mein ganzes Leben im Hinblick auf dieses Im-Studio-Sein ausgerichtet und geformt, organisiert und gelebt habe. Und ich glaube, daß der psychologische Archetypus dessen, was man mit dem infamen Wort »Künstler« bezeichnet, vielleicht darin besteht, wie ein Dieb zu leben und alles, was man erbeutet hat, nach Cinecittà zu bringen. Dort, in Cinecittà, treten dann die Rebellion, die Leidenschaften und Vorwände völlig in den Hintergrund, und was bleibt, ist nur das Spektakel, das mir am meisten entspricht, nämlich Gesichter, Schminke, Perücken, Beleuchtung. Der Filmemacher gleicht dem Maler: Picasso ist zwar durch seine hypothetische Verachtung des Kriegs dazu veranlaßt worden, *Guernica* zu machen, doch was letztlich, nachdem *Guernica* einmal fertig war, daran interessant ist, sind nicht mehr Picassos Motivationen, sondern die Töne, die Farben, die Zeichnung. Und der Filmemacher, auch der noch so stark politisch engagierte, auch der, der in höchst narzistischer Weise Autobiographisches machen will oder Literatur verfilmt – schafft letzten Endes nichts anderes als Perspektiven, Räume, Farben, Atmosphäre: das ursprüngliche Sujet zählt nicht mehr, etwas anderes ist erschienen. Wenn ich schonungslos ehrlich sein soll, dann würde ich sagen, der Ausdruck umfaßt alles: Ideologie, Geschichte, Autobiographie. Voilà. Hier liegt meine Grenze.«

Fürchten Sie nicht, mit einer solchen Äußerung für einen Reaktionär gehalten zu werden?

»Von einem bestimmten Alter an muß man aufhören, sich selbst etwas vorzulügen. Und in Italien, wo alles politisch orientiert sein soll, haben wir zu sehr unter dem ästhetischen Terrorismus zu leiden gehabt, der behauptet hat: ›Kino, das ist eine Kamera, die aufnimmt, was vor der Kamera ist‹, und die Realität abphotographieren wollte, so wie sie ist, ohne Vermittlung durch die Kunst. Diese schandbare, von der Linken geförderte Betrachtungsweise war jahrelang tonangebend. Man vergaß dabei, daß die realistische Abbildung des Elends, der Trümmer und der Not für die Zeitungschronik schön und gut sein mag, daß man jedoch, wenn man die anderen wirklich betroffen machen will, dem Ganzen einen Ausdruck geben muß, und dazu bedarf es nicht eines bloßen Chronisten sondern eines Interpreten. Es gibt ja Intellektuelle und sogar Filmemacher, die noch immer auf diesem ungeheuerlichen Mißverständnis beharren. Das ist genauso, als würde man einem Schriftsteller sagen: ›Schreibe, du brauchst es nicht zu überarbeiten, du brauchst nichts dabei zu denken, aber schreibe, schreibe...‹«

Der politische Druck scheint aber doch nachzulassen, und die Ästhetik der realistischen Aufzeichnung weicht – namentlich beim amerikanischen Film à la Spielberg, der auftrumpfenden Technik, dem auf Spezialeffekten fußenden Hyperrealismus der Ingenieure. Wie empfinden Sie diese Entwicklung?

»Ich habe nur ganz wenige derartige Filme gesehen, zwei vielleicht, doch ich als alter Puppenspieler glaube, daß man beispielsweise einen Schneesturm immer noch wirkungsvoller darstellen kann, indem man zwei Bühnenarbeiter ein Bettuch schütteln läßt, als mit dem ganzen Special-Effect-Arsenal. Ich finde, daß die Kraft der Suggestion genügt, sofern derjenige, der erzählt, wirklich Phantasie besitzt. Ich zitiere mich nicht gern selbst, aber für *E la nave va* hat sich die Produktion von den gleichen englischen Spezialisten beraten lassen, die die Spezialeffekte sämtlicher James-Bond-Filme gemacht haben sowie von den Amerikanern, welche für die im *Krieg der Sterne* zuständig waren: ich kam mir völlig ausgeschlossen vor und wußte nicht, was ich dabei überhaupt noch sollte. Ich habe dann alle weiteren Verabredungen absagen lassen und mir ein Plastikmeer gemacht: ich habe ohne Schiff, ohne Meer, ohne Himmel von einer Schiffsreise erzählt; mit zwei Modellen und einem bißchen Feuerwerk habe ich eine Schlacht zwischen zwei großen Schiffen veranstaltet. Und zumindest für mich war das wirklich eine Schießerei, war es wirklicher Krieg. Diese Episode mag zeigen, was ich von Spezialeffekten halte. Ich glaube auch – und das gilt vor allem für die

Atmosphäre einer Fabel – je mehr man sich bemüht, die Magie zu verdeutlichen und sie dadurch möglichst wahrscheinlich zu machen, um so weiter entfernt man sich von ihr, je perfekter der Trick ist, desto weniger suggestiv ist das Ergebnis. Ich persönlich glaube, daß es recht wenig braucht, um das Wunderbare, Magische, Geheimnisvolle, Phantastische darzustellen: man muß den Zuschauer mit minimalen Mitteln zum Mitspielen bewegen und seine Vorstellungskraft arbeiten lassen, statt ihn vor eine Realität zu stellen, die so klar und deutlich ist, daß sie ihn nur isoliert und lähmt.«

Gibt es denn überhaupt noch Puppenspieler? Diese Magie der Beschwörung verschwindet doch sogar aus dem Theater, das jetzt auch vom Wahnsinn der Technik gepackt worden ist und vom Ehrgeiz, auf dem Gebiet der Spezialeffekte mit dem Film mitzuhalten. Heute ist es gang und gäbe, daß man auf der Bühne Regen, Schnee, echten Rasen, Schwimmbecken, Lokomotiven und Tennisplätze sieht. Man bekommt immer mehr für sein Geld und immer weniger für die Phantasie...

»Auch das kommt vom Fernsehen, das dir alles bietet: Tag und Nacht wird dir alles ins Haus geliefert, du brauchst nicht einmal mehr das Fenster zu öffnen. Von allem das Maximum kriegen, unter Ausschluß der persönlichen Mitwirkung, das ist die Konsumgesellschaft, das ist es, was wir immer gewollt haben, wozu wir schon immer geneigt haben, und jetzt müssen wir uns eben von dem ernähren, wonach wir so gierig, so beharrlich und mit so viel Überheblichkeit gestrebt haben.«

Was Sie über die Konsumgesellschaft sagen, ruft in mir a contrario *jenes großartige Bild aus* Amarcord *wach, wo man im winterlichen Nebel vor dem Grand Hotel von Rimini – das geschlossen ist, weil Winter ist – junge Leute tanzen und das Orchester mimen sieht... In dieser Szene sehe ich nicht nur die Sehnsucht der jungen Leute und die Sehnsucht, die Sie möglicherweise nach diesem Augenblick Ihres Lebens empfinden, sondern gewissermaßen die Sehnsucht nach der Sehnsucht, so als ob das Gefühl selbst verschwände und dem Fernsehtraum weiche, diesem ununterbrochenen Traum, der jede Sehnsucht vorwegnimmt, ohne jemanden, der ihn träumt...*

»Sie haben sich die Antwort auf ihre Frage selbst gegeben, so gut es nur möglich ist. Ein schöner Titel: Die Sehnsucht nach der Sehnsucht.«

Aus einem Interview mit Alain Finkielkraut, in ›Le Messager Européen‹, No. 1. Copyright © 1987, by P.O.L. Editeurs, Paris.

Der erste Live-Film

Fangen wir also an: du wirst mich sicherlich fragen, ob ich mich freue über das, was ich da gemacht habe, ob ich zufrieden bin, befriedigt, gesättigt? Darauf werde ich dir antworten, ja, am Ende der Dreharbeiten zu einem Film bin ich immer entweder zufrieden oder enttäuscht oder überrascht, manchmal auch voller Bewunderung, sodaß ich mich jeweils frage: »Wie konnte so ein großartiger Kerl wie Fellini in dir stecken?« Und diesmal, Gott ja, bin ich zufrieden, trotz meiner Zweifel und trotz meiner Begeisterung.

Als nächstes wirst du mich fragen, ob ich nicht traurig bin, daß ich mit meiner Arbeit fertig – oder fast fertig bin. Ich sage »fast«, weil ich bis jetzt noch nicht weiß, ob ich zu der geplanten Vorführung in Cannes fertig sein werde. Und meine Antwort darauf ist, daß ein Film nie mit einem Schlag zu Ende ist, sondern daß er sich unmerklich entfernt, wie die einzelnen Lebensphasen, wie die Jugend, die plötzlich schwindet, und mit einem Mal fühlt man sich alt, ohne recht zu wissen, wie und warum es so gekommen ist...

Auch die Filme verabschieden sich von einem auf sehr diskrete Weise. Als erstes wird einem klar, daß man nicht mehr in Cinecittà dreht, daß das Studio 5 leer oder, schlimmer noch, schon von jemand anders besetzt ist, daß alle früheren Spuren sorgfältig getilgt worden sind. Dann ist auch die Montage fertig, und auf dem kleinen Monitor sieht man, wie der Film sich bewegt. Dann die Synchronisation, die Musik: nun bekommt der Film eine neue Farbigkeit, einen neuen Rhythmus, einen neuen Zauber. Das Mischen, die Kopie, das Labor: eine Abfolge kaum merklicher Schritte von mir weg, lauter kleine Tode. Und schließlich die erste Vorführung. Auch das ist noch nicht der endgültige Abschied, denn danach kommen die Journalisten mit ihren Fragen, dann die Festivals, die der Eitelkeit so sehr schmeicheln...

Mit diesem *Intervista* hat es trotz allem etwas besonderes auf sich. Bisher kam es mir vor, als würde ich immer den gleichen, nie endenden, besessenen Film machen, ohne jede Zensur. Und da kommt nun dieser kleine, intime Film voller schamloser Bekenntnisse, leise geflüsterter Vertraulichkeiten und beendet eine Periode: so als hätte ich vor vierzig Jahren einen Spielfilm begonnen, der jetzt mit einem Nachwort schließt. Mit einem Live-Film, den man sieht, während er gemacht wird, einem langen, narzistischen, komischen, ehrlichen und lügnerischen Erguß. Mehr kann ich nicht sagen. Aber aus all diesen Gründen weiß ich, daß ich einen solchen Film nie wieder machen werde. Der nächste wird ganz anders sein.

Ach ja, der nächste... Seit Wochen verspüre ich eine neurotische Lust, alle beruflichen Verpflichtungen abzusagen, lehne mit Wonne alle Vorschläge ab, die man mir macht, auch solche, die mich früher begeistert hätten. Das eitle Ritual der Besprechungen mit den amerikanischen Produzenten in den Salons der Grand Hotels macht mir keinen Spaß mehr. Ein Gefühl von schwindelerregendem Überdruß hat mich erfaßt. Der Wunsch, eine neue Phase, die sich so anlassen könnte wie die vergangenen, in ihren Anfängen zu erstikken. Ja, mein nächster Film wird zwangsläufig ganz anders sein.

Aus einem Gespräch mit Nicola Piovani, ›Le Nouvel Observateur‹, Paris, 1. 5. 1987
(Aus dem Italienischen von Renate Heimbucher-Bengs)

Standfotos auf den Seiten 2, 117–151 und 159 von Emilio Lari
Standfotos auf den Seiten 152–154 von Tiziana Callari
Der Herausgeber dankt Aljosha Productions für die zur Verfügung gestellten Vorlagen

Federico Fellini
im Diogenes Verlag

Werkausgabe der Drehbücher und Schriften. Herausgegeben von Christian Strich
Die Drehbuchbände enthalten zusätzlich das Treatment, Äußerungen Fellinis zum Film und
zahlreiche Szenenfotos

Roma
Aus dem Italienischen von Toni Kienlechner.
Mit 50 Fotos. detebe 20062

La Dolce Vita
Deutsch von Bettina und Toni Kienlechner
und Eva Rechel-Mertens. Mit 57 Fotos
detebe 20121

8½
Deutsch von Toni Kienlechner und Eva
Rechel-Mertens. Mit 52 Fotos. detebe 20122

Julia und die Geister
Deutsch von Toni und Bettina Kienlechner
und Margaret Carroux. Mit 66 Fotos
detebe 20123

Amarcord
Deutsch von Georg-Ferdinand von
Hirschau, Eva Rechel-Mertens und Thomas
Bodmer. Mit 62 Fotos. detebe 20124

Aufsätze und Notizen
Herausgegeben von Anna Keel und Christian
Strich. Mit einer kompletten Fellini-Filmo-
graphie. detebe 20125

Casanova
Deutsch von Inez De Florio-Hansen und
Dieter Schwarz. Mit 54 Fotos. detebe 20287

La Strada
Mit einem eigens für diese deutsche Erstaus-
gabe geschriebenen Vorwort von Fellini.
Deutsch von Georg-Ferdinand v. Hirschau,
Thomas Bodmer und Dieter Schwarz. Mit 55
Fotos. detebe 20316

Die Nächte der Cabiria
Mit einem eigens für diese deutsche Ausgabe
geschriebenen Vorwort von Fellini. Deutsch
von Olga Gloor und Dieter Schwarz. Mit 53
Fotos. detebe 20317

I Vitelloni
Deutsch von Georg-Ferdinand von
Hirschau, Thomas Bodmer und Dieter
Schwarz. Mit 56 Fotos. detebe 20318

Orchesterprobe
Deutsch von Trude Fein. Mit 50 Fotos
detebe 20319

Die Stadt der Frauen
Deutsch von Beatrice Schlag u.a.
detebe 20768

E la nave va
Deutsch von Renate Heimbucher-Bengs
detebe 21096

Satyricon
Deutsch von Dieter Schwarz u.a.
detebe 20767

Ginger und Fred
Deutsch von Renate Heimbucher-Bengs
Mit Fotos. detebe 21389

In Vorbereitung
Lichter des Varietés – Der Weiße Scheich – Eine Agentur für Heiratsvermittlung – Il Bidone – Die Versuchungen des Dottor Antonio – Toby Dammit – Die Clowns

Außerdem liegen vor:
Casanova
Federico Fellinis verhaßter und verherrlichter
Frauenheld. Mit einem Essay von Stefan
Zweig, Zitaten aus Casanovas Memoiren,
Texten von D. H. Lawrence bis Federico Fel-
lini, Interviews mit modernen Casanovas und
Wissenschaftlern sowie zahlreichen Fotos
Leinen

Fellini's Zeichnungen
Einhundertachtzig Entwürfe für Figuren,
Dekorationen und Kostüme; Telefonzeich-
nungen und Graffiti. Mit einem Vorwort von
Roland Topor. Leinen

Fellini's Filme
Die 400 schönsten Bilder aus 15½ Filmen. Mit Filmographie, Kurzbeschreibungen der einzelnen Filme und einem Vorwort von Georges Simenon. Herausgegeben von Christian Strich. Leinen

Fellini's Faces
Foto-Album. Herausgegeben von Christian Strich. Mit einem Vorwort von R. D. Laing und einer Einleitung von Federico Fellini. Broschur

»Warum machen Sie nicht mal eine schöne Liebesgeschichte?«
Ein intimes Gespräch mit Giovanni Grazzini. Deutsch von Renate Heimbucher-Bengs
detebe 21227

Denken mit Fellini
Plaudereien über Emanzipation und Engagement, Film, Frauen und Freiheit; Kino und Kunst, Medien, Optimismus und Rituale, Dekadenz und Zukunft und viele andere Dinge. Aus Gesprächen von Federico Fellini mit Journalisten ausgewählt von Daniel Keel
Diogenes Evergreens

Liliana Betti
Federico Fellini
Versuch einer Sekretärin, ihren Chef zu porträtieren. Aus dem Italienischen von Inez De Florio-Hansen. Mit 80 Fotos und Zeichnungen. detebe 20769

Literatur für Filmfreunde
im Diogenes Verlag

● **Woody Allen**

Manhattan. Vollständiges Drehbuch mit 20 Szenenfotos. Aus dem Amerikanischen von Hellmuth Karasek und Armgard Seegers detebe 20821

Der Stadtneurotiker. Vollständiges Drehbuch mit 19 Szenenfotos. Deutsch von Eckhard Henscheid und Sieglinde Rahm detebe 20822

Interiors. Vollständiges Drehbuch mit 16 Szenenfotos. Deutsch von Hellmuth Karasek und Armgard Seegers. detebe 20823

Stardust Memories. Vollständiges Drehbuch mit 32 Szenenfotos. Deutsch von Hellmuth Karasek und Armgard Seegers. detebe 20824

Zelig. Vollständiges Drehbuch mit 16 Szenenfotos. Deutsch von Armgard Seegers. detebe 21154

Was Sie schon immer über Sex wissen wollten, aber nie zu fragen wagten. Vollständiges Drehbuch mit 10 Szenenfotos. Deutsch von Walle Bengs. detebe 21346

Hannah und ihre Schwestern. Vollständiges Drehbuch mit 22 Szenenfotos. Deutsch von Walle Bengs. detebe 21470

● **Über Chaplin**

Aufsätze und Reportagen von Sergej Eisenstein bis Theodor W. Adorno. Herausgegeben von Wilfried Wiegand. detebe 20517

● **Chaval's Fotoschule**

Ein unkonventioneller Leitfaden für Foto- und Filmfreunde. detebe 21210

● **Doris Dörrie**

Liebe, Schmerz und das ganze verdammte Zeug. Vier Geschichten. Leinen

● **Friedrich Dürrenmatt**

Die Ehe des Herrn Mississippi. Komödie und Drehbuch. Fassung 1980. detebe 20833

● **Federico Fellini**

Werkausgabe der Drehbücher und Schriften. Herausgegeben von Christian Strich. Die Drehbuchbände enthalten zusätzlich das Treatment, Äußerungen Fellinis zum Film und zahlreiche Szenenfotos

Roma. Aus dem Italienischen von Toni Kienlechner. Mit 50 Fotos. detebe 20062

La dolce vita. Deutsch von Bettina und Toni Kienlechner und Eva Rechel-Mertens. Mit 57 Fotos. detebe 20121

8 1/2. Deutsch von Toni Kienlechner und Eva Rechel-Mertens. Mit 52 Fotos. detebe 20122

Julia und die Geister. Deutsch von Toni und Bettina Kienlechner und Margaret Carroux Mit 66 Fotos. detebe 20123

Amarcord. Deutsch von Georg-Ferdinand von Hirschau, Eva Rechel-Mertens und Thomas Bodmer. Mit 62 Fotos. detebe 20124

Casanova. Deutsch von Inez De Florio-Hansen und Dieter Schwarz. Mit 54 Fotos detebe 20287

La Strada. Mit einem eigens für diese deutsche Erstausgabe geschriebenen Vorwort von Fellini. Deutsch von Georg-Ferdinand von Hirschau, Thomas Bodmer und Dieter Schwarz. Mit 55 Fotos. detebe 20316

Die Nächte der Cabiria. Mit einem eigens für diese deutsche Erstausgabe geschriebenen Vorwort von Fellini. Deutsch von Olga Gloor und Dieter Schwarz. Mit 53 Fotos detebe 20317

I Vitelloni. Deutsch von Georg-Ferdinand von Hirschau, Thomas Bodmer und Dieter Schwarz. Mit 56 Fotos. detebe 20318

Orchesterprobe. Deutsch von Trude Fein Mit 50 Fotos. detebe 20319

Die Stadt der Frauen. Deutsch von Beatrice Schlag. detebe 20768

E la nave va. Deutsch von Renate Heimbucher-Bengs. detebe 21096

Satyricon. Deutsch von Dieter Schwarz detebe 20767

»Warum machen Sie nicht mal eine schöne Liebesgeschichte?« Ein Gespräch mit Giovanni Grazzini. detebe 21227

Ginger und Fred. Deutsch von Renate Heimbucher-Bengs. Mit Fotos. detebe 21389

Außerdem liegen vor:

Casanova. Federico Fellinis verhaßter und verherrlichter Frauenheld. Mit einem Essay von Stefan Zweig, Zitaten aus Casanovas Memoiren, Texten von D. H. Lawrence bis Federico Fellini, Interviews mit modernen Casanovas und Wissenschaftlern sowie zahlreichen Fotos. Leinen

Fellini's Zeichnungen. Einhundertachtzig Entwürfe für Figuren, Dekorationen und Kostüme; Telefonzeichnungen und Graffiti. Mit einem Vorwort von Roland Topor Leinen

Fellini's Filme. Über 450 Bilder aus seinen fünfzehneinhalb Filmen. Mit kompletter Filmographie und Inhaltsbeschreibungen. Vorwort von Georges Simenon. Herausgegeben von Christian Strich. Leinen
Fellini's Faces. Foto-Album. Herausgegeben von Christian Strich. Mit einem Vorwort von R. D. Laing und einer Einleitung von Federico Fellini. Broschur
Denken mit Fellini. Federico Fellini im Gespräch mit Journalisten
Diogenes Evergreens

Liliana Betti
Fellini. Ein Porträt. Mit 80 Fotos und Zeichnungen. Deutsch von Inez De Florio-Hansen. detebe 20769

● F. Scott Fitzgerald
Pat Hobby's Hollywood-Stories. Übersetzt und mit Anmerkungen von Harry Rowohlt. detebe 20510
Der letzte Taikun. Roman. Deutsch von Walter Schürenberg. detebe 20395

● Paul Flora
Vivat Vamp! Ein Fotobuch zum Lob des Vamps von Mae West bis Marilyn Monroe. Mit gezeichneten Kommentaren von Paul Flora und einer Einleitung von Gregor von Rezzori. detebe 20120

● Anita Loos
Blondinen bevorzugt. Das lehrreiche Tagebuch einer Dame von Beruf. Aus dem Amerikanischen von Lisette Mullère. detebe 21471
Gentlemen heiraten Brünette. Das lehrreiche Tagebuch einer Dame von Beruf. Deutsch von Marie-Therese Morel. Mit einem Nachwort von Ursula von Kardorff. detebe 21472

● Loriot
Dramatische Werke. Texte und Bilder aus sämtlichen Fernsehsendungen. Leinen

● Frank MacShane
Raymond Chandler. Eine Biographie. Aus dem Amerikanischen von Christa Hotz, Alfred Probst und Wulf Teichmann. detebe 20960

● Prosper Mérimée
Carmen. Novelle. Aus dem Französischen von Arthur Schurig. detebe 21188

● Jean Renoir
La règle du jeu (›Die Spielregel‹). Drehbuch mit 58 Fotos. Aus dem Französischen von Angela von Hagen. detebe 20434
La grande illusion (›Die große Illusion‹) Drehbuch mit 58 Fotos. Deutsch von Angela von Hagen. detebe 20435

● Hans Jürgen Syberberg
Der Wald steht schwarz und schweiget. Neue Notizen aus Deutschland. Broschur

● Cesare Zavattini
Liebenswerte Geister. Kleine Reise ins Jenseits. Erzählung. Aus dem Italienischen von Lisa Rüdiger. Mit einer Vorrede von Vittorio de Sica und Illustrationen von Corina Steinrisser. detebe 21058

● Reiner Zimnik
Sebastian Gsangl. Die Erlebnisse und Meinungen eines gutmütig-grantligen Bayern mit Bürger-Mut. detebe 20694
Geschichten vom Lektro. detebe 20671
Neue Geschichten vom Lektro. detebe 20672